Maria
❧ a nova Primavera ❧

Pe. Moacir Anastácio

Maria
❧ a nova Primavera ❧
UMA EXPERIÊNCIA PROFUNDA E RESTAURADORA COM A *Mãe de Jesus*

petra

© 2018, by Moacir Anastácio de Carvalho

Direitos de edição da obra em língua portuguesa no Brasil adquiridos pela PETRA EDITORIAL LTDA. Todos os direitos reservados. Nenhuma parte desta obra pode ser apropriada e estocada em sistema de banco de dados ou processo similar, em qualquer forma ou meio, seja eletrônico, de fotocópia, gravação etc., sem a permissão do detentor do copirraite.

PETRA EDITORA
Rua Candelária, 60 – 7º andar – Centro – 20091-020
Rio de Janeiro – RJ – Brasil
Tel.: (21) 3882-8200 – Fax: (21) 3882-8212/8313

CIP-BRASIL. CATALOGAÇÃO NA PUBLICAÇÃO
SINDICATO NACIONAL DOS EDITORES DE LIVROS, RJ

C327m
    Carvalho, Moacir Anastácio de, 1962-
    Maria, a nova Primavera: uma experiência profunda e restauradora com a mãe de Jesus / Padre Moacir Anastácio de Carvalho. - 1. ed. - Rio de Janeiro: Petra, 2018.

    ISBN 978.85.827.8123-4

    1. Catolicismo. 2. Igreja Católica. I. Título.
18-48573   CDD: 282.09
                                                                           CDU: 282

DEDICATÓRIA

Dedico este livro a todos os Renascidos em Pentecostes, que são chamados, por Deus, a viverem na efusão do Espírito Santo, amando a caridade. Aos Renascidos e a todos os que lerem este livro, espero que tenham uma profunda experiência com a Mãe do Senhor.

Também o dedico a todos os fundadores de novas comunidades. Que Maria, presente no Cenáculo no dia do nascimento da Igreja, esteja também presente em suas vidas e em suas missões.

SUMÁRIO

Prefácio ✤ 9

Apresentação ✤ 13

1 — Ela está sempre a serviço ✤ 15

2 — "Eu caminho convosco!" ✤ 21

3 — Na casa de Isabel ✤ 25

4 — Voltando para casa ✤ 29

5 — Na gruta de Belém ✤ 33

6 — Fuga do Egito ✤ 39

7 — A perda e o encontro de Jesus no templo ✤ 43

8 — As bodas de Caná ✤ 47

9 — Maria e a dor do Calvário ✤ 51

10 — Maria, a mulher de Pentecostes ✤ 55

11 — Maria, a Mãe da Igreja ✤ 61

12 — Nossa Senhora da Primavera ✻ 65

13 — Sou filho de Maria ✻ 71

Orações para estar junto da Virgem ✻ 85

Agradecimentos ✻ 91

PREFÁCIO

Durante um encontro de reavivamento, junto com o Pe. Moacir Anastácio, em fevereiro de 2018, experimentei uma profunda mudança em minha vida espiritual. No tangente à ministração por cura e libertação, como condutor da manifestação de Deus ao povo de Brasília, vivi essa experiência também em minha fé, através do ministério desse irmão.

Após vivenciar esse momento maravilhoso, recebi o convite para tecer considerações sobre esta obra, que vem ao encontro de outros projetos já propagados por este grande e incansável sacerdote.

Logo que recebi o conteúdo deste livro, fui tomado de certa impressão graças à sua profundidade teológica e mariológica, que se destina a um público de variado conhecimento da Palavra de Deus. É dirigido, sobretudo, aos muitos que conhecem a "Maria" Mãe de Deus, ainda que apenas nos elementos das devoções e nos títulos mais populares dedicados à Mãe de Deus. Com isso, já destaco que não estamos diante de um mero projeto pessoal de um sacerdote, mas de um servo de Deus, preocupado em comunicar a verdade contida na Palavra de Deus e na Tradição da Igreja.

Confesso a alegria de poder percorrer um itinerário que tem como início uma comunidade de servos inspirados pela lição dada por Maria grávida de Cristo, que prontamente após o anúncio do anjo Gabriel coloca-se a serviço de sua prima Isabel, levando-nos a confirmar a verdade evangélica de Cristo como o "que veio para servir e não para ser servido". Receber esse ensinamento na escola de Maria nos faz sentir o teor daquilo que nos espera, dentro de um mergulho profundo desta obra literária.

Ao confrontar o leitor com a Mãe que nos ensina a servir, Pe. Moacir se inclina para nos mostrar o caminho que deve seguir o servo e a serva de Deus, sempre lembrando a mensagem do Anjo à Maria: "Não temas, Maria" (Lc 1, 34). Trata-se de um convite para romper com todos os tipos de medos, com a esterilidade e a falta de fé, princípios que impedem qualquer cristão de ouvir a vontade de Deus e seguir seus passos.

Neste caminho proposto, deve-se passar lentamente pela revelação de Deus a Isabel e Zacarias, pois Deus nos ensina muito como vencer todo tipo de humilhação que tenhamos enfrentado: a nós será revelado como vencer a esterilidade da fé.

Um cenário de silêncio nos envolve, e Pe. Moacir tem o desafio muito bem colocado de nos levar também a um encontro com o anúncio do anjo à Virgem, com o nascimento do Menino Jesus, com a fuga para o Egito, com a apresentação do Menino no Templo... Nesta última ocasião, a propósito, acompanhamos a Mãe de Deus numa profunda contemplação de todo o desenrolar do plano de Deus. Pe. Moacir traz a marca de um servo que não só caminha livre pelos poucos relatos que a Palavra de Deus nos dá, mas que também mergulhou numa extensa pesquisa histórica sobre a mariologia, em especial no que diz respeito às palavras que não ouvimos expressamente nas Escrituras.

O itinerário proposto por estas páginas nos põe diante, também, da Mãe que caminha junto com o Filho durante todo o cumprimento da vontade de Deus, a começar pelas bodas de Caná, em que a Virgem interfere pedindo a Jesus que antecipe sua revelação pública. No modo de agir de Maria, descobrimos não só o carinho da Mãe de Deus e nossa, mas também outra grande marca sua: a de intercessora, isto é, a de quem está ao lado de todos os seus filhos nas angústias e dores de cada dia.

Fecho este caminho recordando a preocupação de Pe. Moacir em situar Maria no cenário de Pentecostes. Ali, ressalta-se seu verdadeiro papel neste momento ímpar da vida de nossa Igreja, que nasce a seus pés e a tem por verdadeira orientadora. Desse modo, como Pe. Moacir, somos iniciados na Escola de Maria que, sob o título de Nossa Senhora da Primavera, intercede por nós junto a Deus para que possamos testemunhar, ao mundo, todas as maravilhas do Senhor.

Deus os abençoe.

Pe. Marcos Miranda
Diocese de Santo Amaro

APRESENTAÇÃO

Depois de ter publicado mais de uma dezena de livros, eu sentia uma cobrança muito grande para escrever algo sobre Nossa Senhora. Era como se uma voz dentro de mim dissesse: "Tens de falar de mim... e para mim!"

Por mais de dez anos pensei em escrever este livro, mas nunca tive determinação suficiente e palavras adequadas. Apenas depois de uma conversa bem clara com Nossa Senhora, tive a certeza de que era mesmo da vontade de Deus e dela que eu falasse sobre a Virgem.

Neste livro, você não vai encontrar tratados de teologia nem qualquer tese mariana, mas uma meditação profunda, baseada na minha experiência com a Mãe do Senhor. Com efeito, depois de tantos anos como sacerdote, vivendo na intimidade da Eucaristia, pude entender muitas coisas sobre Maria, e de tal maneira que, agora, sinto que o "sim" que aquela adolescente deu há mais de dois mil anos é também o meu, o nosso.

Neste livro, com certeza, você encontrará uma Maria que o convencerá de que você também faz parte desse mistério. Sei que, nestas poucas linhas, você se encantará e se apaixonará por todos os títulos de Nossa Senhora. Em cada época e em cada cultura, ela se apresenta como a serva do Senhor e nos convida a fazer o mesmo.

Em Fátima, Lourdes, Medjugorje, Aparecida... Em todos os lugares, ela quer nos convencer de que Jesus Cristo é a solução e a salvação para nossa vida. Neste livro, o encontro se dará também com Nossa Senhora da Primavera, ainda desconhecida, mas não por completo: ela ecoa o que São João Paulo II, aclamado nas ruas como João de Deus, disse sobre a Virgem Maria, a saber, que ela é a "nova Primavera" da Igreja.

Na profundeza da oração e também do seu sim, convido a todos à leitura destas páginas. Esta nova Primavera com certeza nos trará a libertação e a proteção definitivas.

CAPÍTULO 1

Ela está sempre a serviço

Nossa Senhora é aquela que aparecerá não apenas no Brasil, na França, na Itália, ou em outros lugares físicos; ela também surgirá, sobretudo, na vida daqueles que precisam. Nossa Senhora, em primeiríssimo lugar, é Mãe, Mãe de Jesus Cristo e também nossa. É aquela que vem para fazer a vontade de Deus como seu Filho e que, como ele, quer ajudar o Senhor em sua missão salvífica.

Maria é a Mãe de Jesus Cristo não porque assim o desejara, mas porque foi escolhida por Deus Pai. É verdade que os profetas do Antigo Testamento anunciaram que uma virgem iria conceber e dar à luz um filho, chamado Emanuel, que significa "Deus conosco". No entanto, existiam em Israel milhares e milhares de jovens que também conheciam essa profecia. Não havia razões para Maria achar que fosse ela, em especial porque Maria era muito humilde. De repente, porém, lá em Nazaré,

Deus apareceu àquela jovem. Logo em Nazaré, um lugar perdido, sobre o qual Natanael diria: "Porventura de Nazaré pode vir algo de bom?" (Jo 1, 46).

Segundo a tradição, o anjo Gabriel apareceu a Maria numa gruta, quando ela ia apanhar água. E, ainda segundo a mesma tradição, ao escutar o anúncio da vontade de Deus para sua vida, ela teria se afastado com medo do anjo. Tendo chegado à sua casa, não teve mais jeito: Maria tinha de escutar o que ele viera lhe anunciar.

O enviado do céu era o mesmo que dissera a Zacarias: "Eu fico do lado de Deus todo-poderoso." A Maria, anunciou: "Serás a Mãe do Messias. O seu reinado nunca terá fim." Maria ficou desconcertada, é claro, e quis saber como aquilo poderia acontecer, uma vez que ela não conhecia homem algum. O anjo tinha a resposta na ponta da língua: "Acontecerá pela força do Espírito Santo, que descerá sobre ti, e aquele que nascer de ti será bendito, e bendito para sempre." Maria aceitou imediatamente o desafio de ser a Mãe de seu Senhor. Sua decisão não comportava arrependimento.

"Eis aqui a serva do Senhor!", disse a adolescente, aquela que estava prometida em casamento a José, de quem seus pais haviam lhe preparado para ser esposa. Mas, ao dizer sim para Deus, Maria dava seu não a todo e qualquer projeto humano. A estrada que ela iria percorrer seria totalmente diferente daquilo que fora planejado pela lógica dos homens e mulheres da época.

"Eis aqui a serva do Senhor!" A partir dessa data, não será mais serva de ninguém a não ser de Deus.

No entanto, essa servidão não é um fechamento em si. Maria não é serva somente para ser a Mãe de Jesus Cristo, mas para servir a Isabel, aquela senhora que, na terceira idade, recebera a graça de ser mãe, contrariando a natureza do próprio corpo. Maria é também serva para auxiliar os noivos que iam fracassar, já que o vinho havia acabado na metade de sua festa. Acabado o vinho, acabaria também a alegria e o entusiasmo de todos os convidados. A Virgem tem a solução e, apontando para Jesus, diz aos empregados: "Fazei tudo o que Ele vos mandar." Maria é simplesmente serva. Passará a vida toda a serviço. Ou melhor, passará toda a eternidade a serviço.

Esta serva aparece em Fátima, durante a Primeira Guerra Mundial, para nos trazer ânimo e esperança, para nos alertar da maldade do homem, para nos ensinar a rezar e crer, a fazer penitência, sempre recordando que o bem, Seu Coração Imaculado, triunfará. A mesma serva surge em Lourdes, para dizer a Bernadete: "Há uma fonte bem perto de ti. Bebe dela e viverás!" Assim, recorda-nos do que o Senhor falara para a samaritana: "Quem bebe da água que vos dou nunca mais terá sede." A fonte de Lourdes é dos milagres, da cura e da conversão. É difícil acorrer a essa fonte e não ter o coração transformado, restaurado, curado. A terra se encontrando com o céu. As aparições de Lourdes e de Fátima são a prova de que alguém intercede por nós junto ao Deus Altíssimo, o mesmo Deus que aparecera a Abraão e lhe prometera caminhar ao seu lado e ao lado de sua descendência, pelo resto da vida.

Em Fátima, Lourdes, Medjugorje, Cidade do México, em qualquer parte do mundo, Maria é a serva do Senhor. Maria se apresenta como a servidora do Senhor, que está a serviço, somente, do Senhor.

E também no Brasil. Em meados de outubro de 1717, três pescadores, Filipe Pedroso, Domingos Garcia e João Alves, entraram no rio Paraíba, no porto de Itaguaçu, para servir o então governador de São Paulo, dom Pedro Miguel de Almeida e Portugal, o conde de Assumar, que se dirigia a Vila Rica, atual Ouro Preto, a fim de assumir o cargo de governador da capitania das Minas Gerais.

Eles foram assim para águas mais profundas e jogaram suas redes, procurando peixes que não apareciam. Os animados pescadores, na sua inocência, nem poderiam imaginar que, a partir daquela data, seus nomes seriam escritos na história como testemunhos da misericórdia. Lançando suas redes, pescaram uma imagem, de terracota, sem a cabeça. E, quase um quilômetro depois, numa profundidade de aproximadamente oito metros, trouxeram a cabeça. Para eles, aquilo já era um milagre; nem de longe poderiam imaginar, contudo, que haviam encontrado também a fonte de muitos milagres.

Nesses trezentos anos desde o encontro da imagem de Nossa Senhora Aparecida, quantas curas, quantos milagres e quantos corações angustiados, deprimidos e desesperados encontraram alívio e aconchego quando olharam para aquela imagenzinha negra! Homens e mulheres, nesses trezentos anos, encontraram ali a solução para as suas vidas. Milhares de pessoas se colocam diante da imagem e, só pelo fato de olhá-la, se enchem de alegria e de paz. Almas sedentas encontraram a fonte da água que jorra para a vida eterna.

Filipe Pedroso abraçou aquela imagem e disse para si mesmo: "Ficará comigo até o fim da minha vida. Será a minha riqueza, o meu único bem. Eu te guardarei e tu me guardarás." Nos 15 anos seguintes, ele a guardou como seu único tesouro. Já percebendo que sua hora estava chegando e que ia morar no céu, entregou aquela grande herança vinda dos céus a seu filho, Atanásio Pedroso. Atanásio dividiu a sua herança com os vizinhos, que, por sua vez, a vêm dividindo já há três séculos entre todos os que creem.

Dessa forma, os católicos entendem que aquela imagem não é feita de carne nem de ossos, não tem pele nem nervos. Sabem que ela não tem boca e não fala. Sabem também, no entanto, que há uma força que sai dela, algo que cura, liberta e renova. Sabem que estão diante da mesma jovem de Nazaré que bradara: "Eis a serva do Senhor!" Foi no ventre daquela serva que o Verbo se fez carne e que, lá na gruta de Belém, saiu dele. A força e a luz divinas habitaram em Maria. Podemos dizer, portanto, que a força que sai da humanidade de Jesus Cristo saiu, primeiramente, de Maria.

Nossa Senhora Aparecida sempre aparece para quem precisa. A cor negra da Virgem é a cor da escravidão, do sofrimento e da situação de pobreza que o Brasil e muitas nações ainda enfrentam. Ela aparece para dizer: "Eu também tenho a tua cor!" Não surpreende, então, que entre os milhões de milagres de Aparecida haja o do escravo que fugira da fazenda do seu senhor. Depois de ser capturado, acorrentado e maltratado, e tendo consciência de sua infeliz sorte e do futuro que o aguardava, ele pediu aos seus algozes que o deixassem orar diante da capelinha de Nossa Senhora Aparecida, já que estavam passando tão perto daquela imagem. Enquanto ele rezava, as correntes que o amarravam se quebraram e o deixaram totalmente livre. Diante desse milagre, seu amo o permitiu servir, até o fim de sua vida, a Nossa Senhora Aparecida.

Maria quebra as correntes, ilumina a escuridão, dá ânimo ao desanimado, coragem ao medroso; aponta para Jesus Cristo como a única saída. Ela é a Mãe do Senhor, a humilde serva do Senhor. E é por isso que Satanás, o orgulhoso Satanás, tem tanta raiva de Nossa Senhora. A serva do Senhor pisou na sua cabeça — pisará hoje, amanhã, depois de amanhã, pisará sempre. Satanás, que se sente tão poderoso, tão orgulhoso, vê que, de súbito, a sua cabeça está debaixo dos pés de Nossa Senhora. Maria venceu pela humildade, venceu pela caridade, venceu pela fé, venceu pelo sim! E suas armas são a fé e o serviço.

CAPÍTULO 2

"Eu caminho convosco!"

O profeta Isaías dirá: "Eis que a Virgem conceberá e dará à luz um filho e porá o nome de Emanuel, que significa 'Deus conosco'." Durante a história de Israel, esperava-se o Messias como a um grande libertador, até maior do que Moisés. Maria de Nazaré também esperava que o libertador político ou religioso viesse libertar o seu povo. Jamais imaginaria, porém, que seria ela mesma a Virgem mencionada pelo profeta: uma virgem que se encontrava longe das festas de Jerusalém e dos palácios de Herodes e Pilatos.

A primeira palavra do anjo a Maria é de admiração. Até mesmo os anjos se desconcertam diante dela! "Ave, cheia de graça, o Senhor é contigo!" A Virgem é cheia de graça. Todas as graças se encontram em Maria. "Ave!", diz o mensageiro — o contrário de Eva, que perdera toda a sua graça pela desobediência e soberba. Na Virgem Maria, por sua vez, a graça abunda: é obediente e humilde. Que grande alegria! "O Senhor é contigo!" Que tranquilidade saber que o Senhor a acompanha! "A partir de sempre Deus é contigo! Concebida sem pecado, porque Deus é contigo. Viverás na presença de Deus, porque Deus é contigo e, por toda a eternidade, ficarás com Deus, porque Deus é contigo."

O anjo diz ainda: "Não tenhas medo!" A Sagrada Escritura repete muitas vezes essa expressão. Com o Senhor por perto, por que temer? Pode vir o que vier: o Senhor é contigo. Portanto, não tenhas medo!

No Evangelho, Cristo mesmo prometeu: "Estarei convosco todos os dias, até o fim do mundo." Maria sabe que jamais ficará sozinha. Essa certeza é a alegria e a confiança da Virgem. Tudo é do Pai, e é o Pai quem vai cuidar dela. Portanto, é com confiança que poderá se declarar serva do Senhor.

Também nós devemos esperar contra toda a esperança. Tenham medo aqueles que não estão com Deus, pois a quem se encontra ao lado do Senhor o salmista recorda: "Não temerás os terrores noturnos, nem a flecha que voa à luz do dia, nem a peste que se propaga nas trevas, nem o mal que grassa ao meio-dia. Caem mil à tua direita, dez mil à tua esquerda, e não serás atingido."

"Nada temas, pois eu te resgato, eu te chamo pelo nome, és meu. Se tiveres de atravessar a água, estarei contigo. E os rios não te submergirão; se caminhares pelo fogo, não te queimarás, e a chama não te consumirá", profetiza Isaías. Maria sabia que a fornalha do rei Nabucodonosor, esquentada sete vezes além do normal, não fora suficiente para queimar os jovens na fornalha ardente, segundo o livro de Daniel; tampouco os 450 profetas de Baal foram capazes de vencer Elias, uma vez que, nos campos de batalha, o adolescente Davi, ungido do Senhor, declarou diante de todos que a batalha seria de Deus.

"Não temas, Maria, porque o Senhor é contigo." Maria, então, interrogou o anjo: "Como acontecerá isso? Pois eu não conheço homem algum." Afinal, sabia que, para ter um filho, precisaria relacionar-se com um homem. Percebe-se, aqui, que Maria está na cultura dos homens, ou seja, no material. Mas o anjo leva o diálogo para o espiritual: "O Espírito Santo descerá sobre ti e a força do Altíssimo te envolverá com a sua sombra. Por isso, o santo que nascer de ti será chamado filho de Deus."

No início da criação, o Espírito pairava sobre as águas; agora, pairará no seio de Maria, gerando uma nova criação e trazendo-nos a salvação.

Podemos notar que, na primeira vez que fala na Sagrada Escritura, Maria o faz para pedir esclarecimentos ao anjo sobre sua virgindade, e não para saber mais a respeito da riqueza do Rei que há de vir ou do tamanho do seu reinado; não lhe importava o que ganharia e como ficariam os seus familiares, se a criança seria herdeira de Davi ou revolucionária. Ela moraria no palácio de Herodes, de César ou Pilatos? Afinal, o anjo diz que "Ele será grande, será chamado de Filho do Altíssimo. E o Senhor Deus lhe dará o trono do seu pai Davi".

Maria não está interessada em grandeza financeira; tampouco em tronos e glórias humanas. Pensa na virtude da pureza, no voto de virgindade que oferecera a Deus. Quando ouve que seu Filho reinará para sempre sobre os descendentes de Jacó, neto de Abraão, pai de todas as tribos de Israel, a Virgem não cresce em soberba.

"Como acontecerá isso? Pois eu não conheço homem algum." Maria fizera seu voto de castidade, e o justo José sabia disso. Diante do esclarecimento do anjo, a Virgem pôde então se abandonar por inteiro à Providência. "Faça-se em mim segundo a tua Palavra!" Podemos imaginar a reação do anjo Gabriel.

Podemos imaginar os gritos de glória e louvor dos anjos! O erro de Eva e Adão seria, agora, retificado. Quão temerosos não ficaram os demônios no inferno! Quantos ais de derrota! Deus o vencia por meio de uma criatura! Naquele momento, despontou no horizonte um novo sol. O calor e a alegria de uma nova primavera renasciam à humanidade.

CAPÍTULO 3

Na casa de Isabel

Diz a Palavra que "nos tempos de Herodes, rei da Judeia, houve um sacerdote por nome Zacarias, da classe de Abias; sua mulher, descendente de Aarão, chamava-se Isabel". Os dois se casaram ainda jovens e, durante toda a vida, carregaram o peso da maldição de não ter filhos. Na cultura de Israel, não ter filho é não ser abençoado. Tratava-se de um trauma imenso, sobretudo para a mulher, que era considerada uma videira que não dava frutos.

Isabel viveu sua vida inteira escondida. Diz a tradição que tinham duas casas e se mudavam sempre, para não serem encontrados pelos vizinhos. Envergonhados, carregaram o fardo do sofrimento dia após dia. Ao mesmo tempo, no Evangelho de São Lucas, conta-se que "ambos eram justos diante de Deus e observavam irrepreensivelmente todos os mandamentos e preceitos do Senhor". No entanto, não tinham filhos porque Isabel era estéril.

A juventude ficara para trás e, então, chegaram a uma idade mais avançada. Zacarias era sacerdote e, naquele ano, por Providência de Deus, fora sorteado para entrar no santuário do Senhor e oferecer perfume. E foi quando ele estava fazendo esse ritual de incenso que surgiu um anjo do Senhor de pé, à direita do altar do perfume, olhando para Zacarias. O mesmo, tremendo de medo, ficou bastante perturbado, mas o anjo lhe disse: "Não temas, Zacarias, porque foi ouvida a tua oração."

Era verdade que, durante anos, ele e Isabel oraram para que o peso da infertilidade saísse de suas vidas; com certeza jejuaram e vigiaram noites sem fim diante do Senhor, até que desistiram e se convenceram de que filhos não eram para eles. Agora, surgia um anjo dizendo que suas orações haviam sido ouvidas?!

O anjo continua: "Isabel, tua mulher vai dar-te um filho e tu o chamarás João. Ele será para ti motivo de gozo e alegria, e muitos se alegrarão com o seu nascimento, pois será grande diante do Senhor e não beberá vinho nem cerveja, e desde o ventre de sua mãe será cheio do Espírito Santo." O filho, segundo o anjo, seria grande. Seu nome deveria ser João, que quer dizer "Deus é cheio de graça", "agraciado por Deus", ou "Deus perdoa".

Zacarias olhou para o anjo e o questionou. Como ele poderia ter tanta certeza?! Durante toda a juventude, Zacarias quis um filho — e agora que estava velho é que isso aconteceria?! Zacarias não entendia que a hora de Deus não é a nossa. Para ele, aquilo era impossível.

A mesma coisa havia acontecido com o velho Abraão, que muitos anos antes morara na região da Mesopotâmia. Também ele não tivera filhos com Sara... até os cem anos, quando um anjo lhe prometeu que seria pai de uma grande descendência. E assim aconteceu. Daquele homem quase morto e daquela mulher já infértil nasceu uma criança. E, agora, era a vez de Zacarias.

O anjo se apresenta: "Eu sou Gabriel, que assisto diante de Deus, e fui enviado para te falar e te trazer esta feliz nova. Eis que ficarás mudo e não poderás falar até o dia em que estas coisas acontecerem, visto que não deste crédito às minhas palavras, que se hão de cumprir a seu tempo."

Meses depois, o mesmo anjo também iria procurar Maria com uma missão ainda mais nobre: anunciar que ela seria a Mãe do Filho de Deus. Depois do anúncio, como sabemos, ele diz à Virgem: "Até tua prima Isabel concebeu na velhice, porque, para Deus, nada é impossível." Tomando conhecimento disso, Maria, com presteza e alegria, foi em busca de Isabel, numa região montanhosa. Após dias de caminhada, chegou saudando a prima, que ao ouvir a saudação de Maria sentiu seu filho estremecer em seu seio. Isabel ficou cheia do Espírito Santo...

...E a criança vibrou! Com apenas seis meses, compreendeu que estava diante do novo: uma nova aliança, uma nova graça, da qual ele seria o precursor. Ao ouvir a saudação, Isabel recebeu uma poderosa efusão do Espírito Santo. A voz de Maria, que ressoava com a unção do Santo Espírito de Deus, também levava, para Isabel, o dom da revelação e o da profecia. O segredo que Maria trazia no seu ventre ainda não fora revelado a ninguém, mas o Espírito o fazia por meio de Isabel, que exclama: "Bendita és tu entre as mulheres e bendito é o fruto do teu ventre! Donde me vem esta honra de vir a mim a Mãe de meu Senhor?"

O próprio Espírito Santo revelava a Isabel a grandeza da missão de Nossa Senhora: "Bem-aventurada és tu!" Diante do segredo quebrado de maneira extraordinária, Maria não sente nada além do desejo de expressar seu júbilo: "Minha alma glorifica ao Senhor, meu espírito exulta de alegria em Deus, meu Salvador."

Deus havia preparado esse encontro da Antiga com a Nova Aliança. Isabel representa a Antiga. No alto da sua velhice, vivera todos os mandamentos e decretos, proibições, preconceitos, bem como a maldição de não ter concebido. Isabel, com idade avançada, assim como a lei de Moisés, recebe novo vigor diante da Nova Aliança, representada pela juventude de Maria.

O próprio Cristo vai dizer: "Renovarei todas as coisas." Maria, agora, é portadora de uma grande alegria. Traz em si a Santíssima Trindade: o Pai, o Filho e o Espírito Santo habitam nela. Assim, pode dizer: "Por isto, desde agora, me proclamarão bem-aventurada todas as gerações, porque realizou em mim maravilhas aquele que é poderoso e cujo nome é Santo." De fato, Isabel estava diante daquela que é considerada a Nova Aliança, Sacrário Vivo e morada do Senhor. E essa morada do Senhor ficou com Isabel e a serviu.

CAPÍTULO 4

Voltando para casa

Na simples casa de Zacarias, eram derramadas muitas graças. Maria ficou três meses ali com Isabel. Nesse período, como seria o clima daquela casa? As conversas, os risos, a espera, as ações de graças... Podemos imaginar a agonia de Zacarias, que ainda não podia falar! Escutava, mas não falava. Porém, com certeza, acompanhava o Verbo Divino tomando forma no ventre de Maria, enquanto no seio de Isabel formava-se o maior profeta já nascido de mulher.

O tempo de Isabel, então, se completou e ela deu à luz um profeta. Chegou o oitavo dia, dia da circuncisão, e a hora de dar o nome a essa criança. Quiseram dar-lhe o nome de Zacarias, como era tradicional, mas Isabel diz: "Ele se chamará João."

Aquele nome não era o esperado e, para os ouvidos dos parentes de Isabel, soava como algo muito estranho. E eles protestam: "Não há ninguém em sua família que se chame por esse nome." Voltando-se, então, para o mudo Zacarias, quiseram saber que nome o pai colocaria no menino. Deram-lhe uma tabuinha, na qual ele escreveu: "João é o seu nome." Todos ficaram pasmados.

Foi nesse momento que a língua do velho sacerdote se soltou, ao que ele entoou um grande louvor ao Senhor: "Bendito seja o Senhor, Deus de Israel, porque visitou e resgatou o seu povo, e suscitou-nos um poderoso Salvador, na casa de Davi, seu servo, como havia anunciado, desde os primeiros tempos, mediante os seus santos profetas, para nos livrar dos nossos inimigos e das mãos de todos os que nos odeiam. Assim exerce a sua misericórdia com nossos pais, e se recorda de sua santa aliança, segundo o juramento que fez a nosso pai Abraão: de nos conceder que, sem temor, libertados de mãos inimigas, possamos servi-lo em santidade e justiça, em sua presença, todos os dias da nossa vida." E então, voltando-se para o filho: "E tu, menino, serás chamado profeta do Altíssimo, porque precederá o Senhor e lhe prepararás o caminho, para dar a conhecer o povo a salvação pelo perdão dos pecados."

Esse grande e profundo louvor de Zacarias foi fruto de seus nove meses de silêncio, meditação e contemplação. De certa forma, não fora bem um castigo o que o anjo dera a Zacarias, mas uma graça: sem poder falar, meditara e guardara tudo em seu coração.

Zacarias, com tudo o que sabia e meditara, não contemplava Maria como uma jovem de Israel, mas como a mulher agraciada e anunciada pelos profetas. Contemplando a face da Virgem, via a Nova Aliança, a mulher cheia de graça e portadora de grandes sinais, milagres e prodígios, de transfiguração e ressurreição. Olhando para o rosto de Maria, Zacarias, no seu silêncio, percebia a face da nova Eva e a fidelidade de Deus.

Feliz és tu, Zacarias, que conviveste com a verdadeira graça! Nos últimos anos de vida, recebeste toda a recompensa por ter sido fiel ao Senhor. Por causa da tua fidelidade, Jesus foi morar em tua casa, logo nos primeiros dias no ventre de sua Mãe!

Zacarias, homem da esperança, feliz és tu que tiveste contigo a verdadeira Arca da Aliança! Talvez naquele dia, no coração do Santuário, não tivesses entendido por que a sorte caíra sobre ti. Tudo era projeto de Deus! Conviveste, na tua casa, com o Filho, a Mãe e o Espírito Santo; e ainda pôde ter nos braços, como filho, o maior profeta a pisar nesta terra! Feliz és tu, Zacarias! Como eu queria te conhecer e compreender a razão da tua esperança!

Depois dos três meses, Maria voltou para sua casa, para os seus pais e vizinhos. Teriam os vizinhos e os pais colocado a mão na boca em espanto ao olharem para a Virgem? Teriam percebido que algo sério ocorrera? E os olhares dos vizinhos para José? Houve quem tivesse medo de ela ser apedrejada em praça pública, como pedia a velha tradição para as mulheres que saíssem gestantes sem coabitarem com seus esposos? Se José, de início, ficou perturbado, no coração de Maria reinava uma paz profunda.

Como não se explica milagre, ela não procurou explicar a ninguém o que aconteceu. Deixou para Deus, que haveria de vir em seu socorro. A pessoa mais interessada em uma resposta era José. Justo, não ousou julgá-la, pois sabia que Maria era pura; não queria que recaísse sobre ela a má fama. Portanto, preferiu fugir carregando sobre si a suposta culpa. Será que Maria percebeu o que ele, pelo bem dela, pensava fazer? Teria rezado, como o salmista: "Vinde, ó Deus, em meu auxilio, socorrei-me sem demora"?

José já estava com tudo pronto. Esperou a madrugada chegar; ia pegar uma estrada, um destino, talvez sem saber para onde ir — apenas que seria para longe de Maria. Levaria consigo um coração angustiado, uma frustração permanente, um desgosto profundo e uma saudade de Nazaré, que jamais sairia do seu peito. No entanto, como era bom, conservaria a fé no Senhor, mesmo ante a possibilidade de acabar na solidão e na incerteza. Preparou-se assim para a viagem.

Enquanto dormia, porém, o anjo do Senhor lhe apareceu em sonho, dizendo: "José, filho de Davi, não temas receber Maria por esposa, pois o que nela foi concebido vem do Espírito Santo. Ela dará à luz um filho, a quem porás o nome de Jesus, porque ele salvará o seu povo de seus pecados. Tudo isto aconteceu para que se cumprisse o que o Senhor falou pelo profeta: Eis que a Virgem conceberá e dará à luz um filho, que se chamará Emanuel, que significa: Deus conosco."

José acorda espantado. Tratara-se de um sonho ou uma visão? Acalmou-se, então, e compreendeu o que o anjo havia lhe dito. Talvez tivesse conservado, na mente e no coração, os ecos da profecia de Isaías: "A Virgem conceberá!" E, provavelmente, entrou em silêncio profundo. Seu silêncio foi tão grande que José não deixou nenhuma palavra a nós na Sagrada Escritura. José é o homem do silêncio, da oração e da maior missão que alguém já recebeu, depois daquela da Virgem: cuidar e proteger o "Santo dos Santos" e sua Mãe puríssima.

CAPÍTULO 5

Na gruta de Belém

Os nove meses se passaram. Meses longos, de uma meditação profunda sobre o que estava acontecendo.

Maria sabia que a sua gravidez era um mistério; o Verbo se fez Carne e se desenvolvia no seu seio. Não era possível explicar a sua gravidez para ninguém. Para José, com certeza, o Senhor a revelara, mas aquele bom esposo guardou segredo.

Todos achavam, portanto, que Jesus era filho de José. E Maria tinha a sua cumplicidade nessa missão. De certa forma, isso lhe consolava muito. José era um homem santo, que a respeitava e a sustentava com o fruto de seu trabalho.

No decorrer daqueles nove meses, quantas perguntas e meditações sobre todo esse mistério! A Virgem dera um sim a Deus, e a força desse sim dava-lhe coragem para enfrentar os obstáculos. Ela sabia que não podia mais voltar atrás, pois o barco já estava em alto-mar.

Chegou então o recenseamento. José tinha que comparecer a Belém. Ao mesmo tempo, o patriarca sabia que a hora de Maria se aproximava. A jovem, porém, não quis abandoná-lo. Os dois haveriam de estar juntos quando a Luz do mundo fosse colocada numa pequena manjedoura. Como perder esse sagrado momento, aquela grande graça? José levou Maria, então, para uma longa caminhada rumo a Belém: 145 quilômetros de estrada sobre o lombo de um jumento. O casal, como não poderia deixar de ser, confiou na graça do Pai, na certeza plena e absoluta de que Deus os ajudaria. Nada a temer!

Podemos imaginar José olhando para Maria e dizendo: "Vamos para a alegria! Apesar das dificuldades, veremos a face de Deus!" Passaram por Jerusalém e contemplaram os mistérios da Antiga Aliança. Cansados da longa viagem, entraram na cidade de Belém, que estava cheia por conta do decreto de recenseamento do imperador César Augusto. Acorriam até ali gente de toda a Israel.

Precisamente por isso, as pensões e as casas não tinham mais vagas. Por mais que José tentasse... nada. Uma gruta, então, lhe foi oferecida, onde os animais descansavam e recebiam rações. Naquela santa noite, a cidade movimentada de Belém não percebia nada de extraordinário. Alguns até viram um casal cansado de uma longa viagem, mas a jovem não chamara atenção para si — parecia uma gestante como tantas outras, esperando seu primogênito. José, homem silencioso, também não fez alarde. Queria servir Maria e o Menino com humildade.

Não conseguimos imaginar como se deu o parto de Cristo. Em determinado momento, Maria viu sair de seu ventre a esperança de Israel, o Messias aguardado e profetizado. Porque era da descendência de Davi, cumpria-se a profecia que dizia: "O bastão jamais sairá da tua casa."

Belém silenciou-se com o avançar da noite. O comércio se fechou, bem como as pensões. Mal sabiam que se cumpriam as Escrituras: "Mas tu, Belém-Efrata, tão pequena entre os clãs de Judá, é de ti que sairá aquele que é chamado a governar Israel. Suas origens remontam aos tempos antigos, aos dias do longínquo passado."

Que paz profunda entrava no coração de Maria e de José ao contemplarem o Menino! Este santo casal fez a primeira adoração a Jesus Cristo: simplesmente olhavam um para o outro e para a manjedoura. Necessitados de tudo, não tinham necessidade de nada, porque sua única e maior riqueza estava sobre um punhado de palha.

Nos campos ao redor de Belém, alguns pastores vigiavam seu rebanho, a céu aberto. O anjo do Senhor apareceu então àquela gente simples. A Glória de Deus os envolveu de esplendor e eles se aterrorizaram. Então, o anjo bradou: "Eu vos anuncio uma grande alegria, que o será para todo o povo: hoje, na cidade de Davi, nasceu para vós um salvador, que é o Cristo Senhor. Isto vos servirá de sinal: encontrareis um recém-nascido envolvido em faixas e deitado numa manjedoura." Diz o Evangelho de São Lucas que, neste instante, juntou-se ao anjo uma multidão de exércitos celestes que louvavam a Deus, dizendo: "Glória a Deus no alto dos céus e, na terra, a paz aos homens que Ele ama."

Quando os anjos voltaram ao céu, os pastores correram na direção de Belém para ver o que havia acontecido. Entraram na gruta e encontraram com um menino na manjedoura. Vibrando de alegria, glorificaram a Deus.

Diante dessa grandeza, Maria guardava tudo no seu coração. Logo seria o momento de retornar para Nazaré, mas não sem antes cumprir a tradição judaica de circuncidar o menino. Oito dias depois, José punha nele, então, o nome de Jesus, como o anjo O havia chamado. Muitas outras crianças, talvez, estivessem sendo circuncidadas ali. Se soubessem o esplendor daquela que vinha nos braços de Maria!

É curioso que os primeiros dias de Jesus na terra se transcorressem assim, sem nada de extraordinário. José e Maria, humildes, se comportavam como bons judeus, sem se dispensarem de nenhuma obrigação. Quarenta dias depois do nascimento de Cristo, foi preciso, então, apresentar o menino ao Templo de Jerusalém. Ali, havia um homem chamado Simeão. Honrado e piedoso, aquele senhor esperava a consolação de Israel e se guiava pelo Espírito Santo. O Espírito lhe comunicara que não morreria antes de ver o Messias do Senhor. Quando chegara ali no templo, daquela vez, será que suspeitava do que estava para acontecer?

E quando avistou um casal humilde se aproximando, com um menino como outro qualquer no colo? Ao tomar o bebê em seus braços, o coração de Simeão pulou no seu peito, o seu corpo se agitou, seu espírito glorificou o Senhor e suas forças se renovaram. Cumpria-se enfim o prometido pelo Espírito Santo! E também a profecia de Isaías: "Aqueles que esperam no Senhor não se cansam, não se fatigam, sua inteligência é insondável, e dá força ao cansado acrescenta vigor aos inválidos. Mesmo jovem, se cansa e se fatiga, os jovens tropeçam e se extenuam. Mas os que esperam no Senhor revigoram suas forças, correm sem se cansar e andam sem se fatigar." Com que força Simeão não exultava de felicidade!

Diante daquela graça, Simeão, que nunca duvidara, elevou o Menino aos céus e entoou seu famoso hino: "Agora, Senhor, deixai o vosso servo ir em paz, segundo a vossa palavra. Porque os meus olhos viram a vossa salvação que preparastes diante de todos os povos, como luz para iluminar as nações, e para a glória de vosso povo de Israel..." Maria e José se encheram de alegria, é claro. Glorificaram a Deus e ficaram impressionados com tudo o que foi dito sobre o Menino. De repente, apareceu ainda a velha Ana, que também glorificava a Deus e falava da grandeza dessa criança. Ana fora casada quando jovem, mas vivera somente sete anos com seu esposo. Ficara viúva e se dedicara, então, somente a Deus. Ali estavam os quatro, dois homens de Deus e duas mulheres consagradas ao Senhor, glorificando a Deus e adorando o recém-nascido. Maria e José, depois de cumprirem todo o ritual, seguiram rumo estrada de Nazaré.

CAPÍTULO 6

Fuga do Egito

Segundo São Lucas, os três reis magos saíram do Ocidente fazendo uma longa viagem. São em geral representados no lombo de um camelo, numa grande caravana. Apresentaram-se em Jerusalém, perguntando nos palácios onde havia nascido o rei dos judeus. Isso chegou ao ouvido do rei Herodes, que começou a tremer. Toda a Jerusalém se perguntava: "Nasceu um rei e nós não sabemos?!"

Naturalmente, Herodes, com todos os sacerdotes e doutores do povo, procurou descobrir onde deveria nascer o Messias. Segundo as Escrituras, o acontecimento se daria em Belém, terra de Judá, conforme a profecia de Miqueias. Desse modo, o mesmo Herodes chamou os magos, secretamente, e quis saber o tempo exato desde que havia aparecido a estrela. Aconselhou-os a irem até Belém, que ficava a dez quilômetros de Jerusalém, e procurassem encontrar aquela criança, trazendo-lhe notícias dela. "Também eu quero lhe prestar homenagem", disse. Mentiroso!

Os reis magos despediram-se de Herodes e partiram. Assim que deixaram as belas ruas de Jerusalém e caminharam rumo à cidade de Davi, a estrela apareceu-lhes à frente; seus corações pularam de alegria. Ela os guiou até o local exato onde estava o Menino.

Depois de dias atravessando desertos e enfrentando todos os tipos de perigos — salteadores, sede, cansaço —, os três chegaram. Ao contrário dos palácios que conheciam, aquele rei se encontrava numa casa simples. Com fé e esperança, entraram e divisaram Jesus e sua Mãe. Algo lhes encheu o peito, e os três magos se ajoelharam e O adoraram. Abrindo seus cofres, ofereceram-Lhe ouro, incenso e mirra, presentes dignos de alguém especial.

Sabemos que ouro é admirado, desejado e apreciado em todas as culturas de todas as épocas. Todas as coroas de rei eram feitas com esse material. Reconhecia-se, assim, que o Menino era rei. Além disso, segundo o Salmo 141, nossa oração deve subir até Deus como um incenso. Portanto, o incenso representava a divindade. A mirra, por fim, graças à sua forte característica antisséptica e anti-inflamatória, era usada para tratar de ferimentos e no embalsamamento de cadáveres. De certa forma, revelava que Jesus nascera para morrer para e pelo mundo.

O que chama a atenção nesses homens é que não eram judeus. Tinham vindo de muito longe. Foram os primeiros estrangeiros e os primeiros reis a reconhecerem que aquela criança pobre de Belém, sem aparentar ser nada neste mundo, filho de uma jovem simples e pobre e de um carpinteiro sem fortuna, era o rei de Israel e Senhor do Universo. José e Maria, por sua vez, decerto ficaram extasiados ao verem aqueles senhores oferecendo presentes e adorando seu filho, sem manifestarem qualquer dúvida ou questionamento quanto à Sua divindade.

Avisado, por sonho, que não voltassem à casa de Herodes, que desejava dar fim ao Menino, José e Maria tomaram outro caminho. Um anjo lhes havia dado as coordenadas, segundo São Lucas: "Levante-se! Pegue o menino e a mãe e fuja para o Egito, porque o rei Herodes quer matá-Lo."

Era só um sonho, assim como o dos reis magos. No entanto, nem os reis nem José duvidaram. Como um bom retirante, "sem eira nem beira", José partiu para um país estrangeiro com a esposa e o filho que Deus lhe confiara. Puxando um burrico por um cabresto, afastou-se de Herodes. A fé de José era maior que sua pobreza e suas dificuldades.

Os reis magos fizeram outro caminho. Não mais o caminho de Herodes, mas o de Deus. E Herodes esperou pelo que não veio: os três não voltaram para dizer que haviam encontrado Jesus. Por dias e noites, no seu palácio, Herodes se perguntaria: "Cadê o rei dos judeus?" Para garantir que se livraria de seu "concorrente", tomou uma das piores decisões que poderia tomar: decretou a morte de todos os meninos até dois anos de idade, causando um dos piores massacres da humanidade. Cumpriu-se, assim, a profecia de Jeremias: "Ouve-se em Ramá uma voz, lamentos e amargos soluços. É Raquel que chora os filhos, recusando ser consolada, porque já não existem."

O anjo pedira que José permanecesse no Egito até segunda ordem. Quando Herodes morresse, seria possível retornar, a fim de cumprir mais uma profecia, agora de Oseias: "Fica no Egito até que eu te avise. Fique por lá até a morte de Herodes."

Quando iam se acostumando à nova maneira de viver, Herodes morreu e o anjo avisou a José que era hora de voltar. "Levanta-te, toma o menino e a mãe; dirige-te a Israel, pois morreram os que atentavam contra a vida do menino." O patriarca obedeceu de imediato, sem questionar ou duvidar. Quando chegou a Israel, porém, ficou sabendo que Arquelau sucedera seu pai Herodes como rei de Judá. Partiu, então, para a Galileia, indo habitar na cidade de Nazaré, "para que se cumprisse o que foi dito pelos profetas: 'Será chamado Nazareno'". E, no lar de José e Maria, este Nazareno ia crescendo aos olhos de todos, como um menino comum.

CAPÍTULO 7

A perda e o encontro de Jesus no templo

Na simples casa de Nazaré, cumprem-se os preceitos e decretos da lei judaica. Assim, aos 12 anos de Jesus, eles fizeram mais uma peregrinação a Jerusalém, em caravana. Os homens caminhavam na frente e as mulheres atrás; à noite, encontravam-se para o repouso.

É nessa ocasião que, depois de cumprirem os preceitos religiosos, a caravana se pôs de regresso a Nazaré. Depois de um dia inteiro de caminhada, ao se encontrarem à noite, Maria pergunta então a José: "Jesus não estava contigo?" E José, que também dava falta do filho, responde: "Não. Achei que estivesse contigo!" Perceberam, assim, que o adolescente havia ficado para trás. Maria e José voltaram juntos para Jerusalém e, durante três dias, procuraram o menino em todas as esquinas, ruas e praças, mas não o encontraram.

No terceiro dia, enfim se depararam com o Filho de Deus. Encontrava-se no meio dos doutores da lei, e todos estavam admirados e atônitos com sua inteligência e suas respostas. Maria e José também ficaram desconcertados diante Dele. "Meu filho, que nos fizeste?! Eis que teu pai e eu andávamos a tua procura, cheios de aflição!", disse Maria. Aquela era a primeira vez em que Jesus ficava distante por três dias. Também essa dor seria sentida pelos discípulos do Mestre mais de vinte anos depois, após depositarem Cristo morto no sepulcro.

Ali aos 12 anos, a resposta de Jesus à sua Mãe teve um profundo significado espiritual: "Por que me procuráveis? Não sabíeis que devo ocupar-me das coisas de meu Pai?" As palavras angustiadas, saindo da boca de Nossa Senhora, mostravam verdadeiramente sua dor e tristeza; Jesus, por sua vez, revela o profundo significado, para todos nós, de fazer sempre a vontade de Deus. Queria dizer algo como: "Não sabíeis que devo fazer a vontade de meu Pai? Vivo ou morto eu faço a vontade do Pai." Cristo nos mostra que, sem o Pai, a Sua missão, e também a nossa, não tem sentido; a vida não tem sentido sem o conforto da casa de Deus. E é também na casa de Deus que se dá o encontro com Jesus Cristo.

Aqueles que perdem Jesus Cristo vivem profundamente angustiados; habitam uma enorme escuridão. Maria e José experimentaram a tentação do desalento e tiveram de viver segundo a forte fé que possuíam. Bastou, porém, que voltassem à casa do Pai para encontrarem o Verbo encarnado. Aqueles que saíram da Igreja também se encontram assim. Quem deixa a casa de Deus busca conforto noutros lugares, mas que outro local pode dar ao nosso coração o que ele deseja de fato?

E onde fica a casa do Pai? Ali onde pode existir a Eucaristia! Onde se pode gozar da presença constante de Jesus nas espécies do pão e do vinho. Ali Cristo vive sempre, como escravo de seu amor: "Eis o Meu corpo dado por vós." Esse "Corpo dado por vós" é a nossa alegria, a nossa Salvação, é o próprio Jesus Cristo.

Depois de três dias sem se alimentar da presença de Cristo, a pergunta de Maria pode ser também a nossa em muitas situações: "Por que permitiste que nós, em posse de nossa liberdade humana, nos afastássemos de Ti, sem sabermos o mal que causaria às nossas almas, às nossas mentes, aos nossos corpos, à nossa saúde física e mental?" Maria sabe que, sem Ele, a vida não tem sentido. Sabe que, se O perdesse, também estaria se perdendo. Perderia o projeto de Deus. E, juntos, a exemplo de como nós mesmos devemos fazer — juntos! —, ela e José tomam a direção de Nosso Senhor. Tão grande era esse mistério e seu desconcerto, que Maria silenciou-se diante dos acontecimentos. "Ela guardava tudo em seu coração."

Esta é a última vez que José aparece nas Escrituras. Seu silêncio será definitivo. Os evangelistas nada mais dizem sobre esse justo. "Que Ele cresça e eu desapareça!": as palavras de João Batista servem muito bem para o carpinteiro. Mesmo em seu silêncio, porém, nos voltamos hoje ao esposo de Maria, para que sempre interceda por nós e pela Igreja de seu filho adotivo.

CAPÍTULO 8

As bodas de Caná

Dos 12 aos trinta anos, existe um silêncio total com relação à vida de Cristo; não sabemos bem o que aconteceu na casa de Nazaré. A Palavra diz que Jesus era obediente a Maria; certamente trabalhou como aprendiz de José enquanto este esteve vivo, como prova de que também nós devemos santificar o trabalho de cada dia.

Os Evangelhos voltam a falar do Salvador por ocasião das bodas de Caná, na Galileia. Cristo já está crescido: é um homem perfeito. Ele e a Mãe vão para a festa. Uma festa que durava sete dias, segundo a tradição dos judeus; sete dias com muito vinho, muita dança, muita alegria, dado que uma nova família começava ali.

Maria sabe que Jesus é o Filho do Deus Vivo. Apenas ela. No meio das comemorações, a Virgem se adianta e percebe que o vinho acabava. O vinho, nos Salmos, era precisamente o que alegrava o coração dos homens. Maria, ciente do que aquilo representava, foi ao encontro de Jesus Cristo: "Eles não têm mais vinho!"

O significado da exclamação de Maria poderia ser traduzido desta maneira: "Eles não têm mais razão de estar aqui. O vinho acabou, e a festa ficou triste e sem sentido. Perdeu o vigor. A festa tornou-se um grande vexame." Jesus olhou para Maria e entendeu muito bem o que ela dissera. No entanto, sua missão pública ainda não começara: "Mulher, o que temos com isso? Minha hora ainda não chegou." Maria, porém, é a intercessora perfeita. Como Mãe imaculada, há de conseguir tudo de seu Filho santíssimo. A Virgem se volta para Ele, então, e não discute. Antes, persevera. Conhece o coração piedoso e misericordioso do Salvador. Por isso, nada fez senão procurar os servos e expressou a última frase de sua boca a figurar nas Escrituras: "Fazei tudo que Ele vos disser." Não importava o que Cristo mandasse. O que ele pede é sempre bom. E o que o Filho de Maria pediu foi: "Enchei essas talhas com água." As talhas, feitas de pedras, estavam ali para a purificação dos judeus. As pedras eram cavadas e fazia-se um depósito para a água, cada qual com capacidade para cem litros.

Antes de começarem as festas, os judeus realizavam a purificação. À frente da casa ficavam os servos, com essas talhas de água e roupas de festa. Quem fosse convidado não precisaria se preocupar com nada, já que recebia vestes, sandálias e o perfume para a celebração. Muitos chegavam cansados, suados. Se fosse no inverno, vinham cheios de lama; se fosse no verão, na seca, cheios de poeira. Assim, eram obrigados a deixar as roupas sujas do lado de fora. O servo lhes dava banho e, depois, perfumava-os e lhes entregava as vestes da festa.

Muitas vezes, nós queremos entrar no banquete do Senhor (na Eucaristia) do jeito que estamos: com nossos pecados, nossas vestes sujas; queremos, simplesmente, entrar. E o Senhor ordena que passemos por um servo que nos dará um banho gratuito — trata-se do sacerdote que, na Confissão, absolve-nos dos pecados dos quais estamos arrependidos. Só assim podemos entrar na fila da comunhão: cantando alegres e perfumados por termos sido perdoados, acolhidos e amados.

Jesus, nas bodas de Caná, mandou que os servos enchessem as talhas de água. Os servos obedeceram sem questionar. Não se colocaram acima daquele homem, com uma espécie de "Ah, mas estamos há dias trabalhando!" Talvez a água ficasse longe e desse trabalho cumprir o pedido de Jesus. De todo modo, os servos simplesmente encheram as talhas sem mesmo saber o que ocorreria. De repente, Jesus lhes pede: "Agora, tirai e levai para o mestre de sala."

Aquele que havia sido contratado e que conhecia vinhos, ao experimentar esse vinho novo, mesmo não sabendo de onde viera, chamou os noivos para dizer-lhes: "Guardastes o melhor vinho até agora! Não é costume fazer isso. Primeiro, serve-se o melhor vinho e, quando os convidados já estão embriagados, serve-se o menos bom."

Esse senhor não sabia quem guardara aquela bebida, mas faz uma revelação maravilhosa: "Guardastes o melhor vinho até agora." Fora Maria quem a armazenara! Durante anos, no lar de Nazaré, foi amadurecendo aquele vinho com seu zelo maternal. É Jesus o verdadeiro vinho da alegria! E, para que Cristo se manifestasse, Maria não procurou aqueles que estavam dançando, bebendo e se divertindo. Tampouco aqueles que poderiam estar criticando ou murmurejando. Maria não procurou esse tipo de gente; procurou, exatamente, os servos. São os servos que Maria e o próprio Deus procuram.

Muitas vezes, estamos cansados, angustiados, esgotados, e Deus nos manda fazer coisas novas. E nós precisamos obedecer imediatamente, pois de nossa correspondência pode depender coisas imensas. De fato, os servos não fizeram o milagre, mas manejaram as talhas com água; Deus realiza o prodígio, mas quer a ajuda de colaboradores.

Depois de fazer o seu primeiro milagre, nunca mais Jesus teve paz. As multidões passaram a segui-Lo, encantadas, muitas vezes apenas em busca de milagres. E, de certa forma, foi Maria quem fez Jesus antecipar sua missão. Foi Maria quem apresentou Jesus para o mundo, quem intercedeu pelo milagre. Cristo não nega nada a Maria. Mesmo dizendo que não era hora de os milagres começarem, ele se "dobrou" à Mãe.

CAPÍTULO 9

Maria e a dor do Calvário

A presença de Nossa Senhora ao longo da missão pública de Jesus Cristo é discreta, pois sabia o quanto deveria permitir que seu Filho aparecesse. No entanto, no Calvário, enquanto todos fugiam, ela estava lá, de pé. Ela O contemplava e, Nele, via a realização de todo o misterioso projeto de Deus. Ninguém mais do que Maria sabia que Jesus Cristo deveria passar pela cruz, pela dor, pelo sofrimento. No entanto, essa consciência não lhe retirava a dor.

Maria aguardava o cumprimento da profecia do velho Simeão, que lhe dissera, no templo, que uma espada transpassaria seu coração imaculado. Diante de Jesus Cristo crucificado e quase sem vida, a Virgem sentiu-se transpassada. Descido o Filho da cruz, tomou-o em seus braços do mesmo modo como o fizera na gruta em Belém. Agora, no entanto, o Filho jazia ali sem vida. Quem saberá se não havia ressoado, em sua memória, a voz do mesmo profeta Simeão: "Eis que esse menino está destinado a ser uma causa de queda e de reerguimento para muitos homens, em Israel, e a ser um sinal que provocará contradições, a fim de serem revelados os pensamentos de muitos corações"?

Se não fosse a esperança da Ressurreição, a certeza do poder de Deus e a fé nas palavras do anjo, que dissera que "seu Reino não terá fim", quem aguentaria tamanho sofrimento?

Espada maior do que essa não poderia haver. Jesus sendo desprezado, humilhado pelos seus, mesmo por antigos discípulos... Até hoje, tanto em Lourdes como em Fátima, Medjugorje ou em qualquer outro lugar de aparições, é possível vê-la sempre com um semblante de sofrimento, apontando para Jesus como único Senhor e Salvador. Mas nós, homens materialistas, egoístas, nos afastamos da graça de Deus e não reconhecemos Jesus Cristo como nossa solução e salvação.

Maria está sempre firme na fé, apesar da dor e do sofrimento. A certeza que tem a respeito da Ressurreição é imensa. Sabe que, depois daquela morte, Ele voltará.

Ficar sem o Filho por três dias era uma sensação que ela já conhecera. E, do mesmo modo como naquela ocasião em que perdera o Menino em Jerusalém, a Virgem volta a encontrá-lo. A Palavra não diz, mas a Tradição da Igreja é unânime em afirmar que Jesus teria aparecido primeiramente a Nossa Senhora. Podemos imaginá-lo se aproximando, tocando o ombro da Mãe, mostrando-lhe Suas chagas, apresentando-lhe em primeira mão a Ressurreição. Não devia isso a Maria, aquela mulher perfeita que convivera com Ele durante toda a sua vida, que O concebera, que dera pleno assentimento à vontade do Pai? "Eu venci e eu renovo todas as coisas. Eu ressuscitei, eu trouxe de volta à vida todos aqueles que acreditaram e esperaram em mim, aqueles da Antiga Aliança, aqueles que esperaram pelo cumprimento das promessas de Israel." Não teria dito algo assim à Virgem?

Maria, além disso, certamente foi humilhada junto com o Filho no caminho para o Gólgota. Quando o povo gritava "Crucifica-O!", também gritavam a ela, que seria crucificada em seu coração. Maria, contudo, manteve o silêncio, o recolhimento interior. E a única explicação para isso só poderia vir da certeza de saber que a promessa de Deus se havia de cumprir.

CAPÍTULO 10

Maria, a mulher de Pentecostes

Em seguida, encontraremos Maria no Cenáculo. Será a última visão da Virgem nas Escrituras. Ali, conduz os discípulos a uma experiência única em suas vidas. Afinal, os seguidores de Jesus não tinham plena clareza de sua missão e de tudo o que Cristo lhes pedia. Faltava-lhes, portanto, a iluminação e o carisma do Espírito Santo.

Então, amados irmãos, é Maria quem está no nascimento da Igreja, Maria quem traz a graça de Pentecostes para seus discípulos. A Palavra diz que depois da Ascensão do Senhor, eles voltam para Jerusalém, do Monte chamado das Oliveiras. "Tendo entrado no Cenáculo, subiram até o quarto de cima, onde costumavam permanecer. Eram eles: Pedro, João, Tiago, André e Felipe, Tomé, Bartolomeu e Mateus, Tiago, filho de Alfeu, Simão, o zelota, Judas, irmão de Tiago. Todos eles perseveravam, unanimemente, na oração, juntamente com as mulheres;

entre elas, Maria, a Mãe de Jesus e seus irmãos." Perseveravam na oração — é o que diz a Palavra. Isso é interessante porque, durante os três anos de vida pública de Jesus Cristo, nós não vemos os discípulos rezando. Uma única vez, eles pedem a Jesus que os ensine a rezar, ao que aprendem dos lábios do Mestre a oração do pai-nosso. Após a Ressurreição, porém, eles se reúnem em oração.

Maria estava ali. Conhecia o verdadeiro poder de Deus. O anjo Gabriel havia lhe dito: "Bendita és tu. Ave, cheia de graça!" E também Isabel: "Bendita és tu entre as mulheres!" Maria era a bendita de Deus, aquela que fora cumulada de todas as graças e bênçãos do céu. Era natural que os discípulos se reunissem aos seus pés, entre eles Pedro, aquele a quem Deus confiara o rebanho de sua Igreja: "Tu és Pedro e sobre esta pedra edificarei a minha Igreja, e as portas do inferno não terão poder sobre ela." Toda a Igreja se coloca aos pés de Maria, toda a Igreja depende dela, e Maria é imagem daquilo que a Igreja é chamada a ser. Quem mais poderia fazer isso senão a Virgem?

Maria tem uma liderança natural. Esteve com Isabel até o nascimento de João Batista, confortando-a e conduzindo-a. Mesmo sobre Jesus, como vimos, ela influiu: empurrou-o para a missão, antecipando seu primeiro milagre! Ali, então, sabendo do projeto de Deus e sabendo que a Igreja deveria nascer da oração, a Virgem liderou os discípulos no Cenáculo durante oito dias, da Ascensão do Senhor ao dia de Pentecostes. No final desse período, vemos fogo do céu vindo sobre os discípulos. O Espírito vem sobre a Igreja nascente. Em Pentecostes, eles renascem. A partir de então, darão a vida por Jesus Cristo.

Pentecostes é o último registro sobre Maria na Sagrada Escritura. Ela desapareceu dos textos sagrados para aparecer, gloriosa, em Fátima, em Lourdes, em Aparecida, em Akita... Em muitos lugares do mundo. E nós, que somos servos do Senhor, podemos sentir sua presença, sua graça e sua força. Desejaremos fazer parte de seu exército, que lidera o mundo rumo ao glorioso dia de Jesus Cristo.

Quando Nossa Senhora entrou no Cenáculo com os apóstolos, seu coração certamente vibrava de alegria. Sabia que Jesus tinha voltado para a casa do Pai, que seu Filho cumprira sua missão na terra, que o Messias jamais se afastaria dos homens. O céu estava aberto a quem O seguisse, independentemente de raça, nacionalidade… Maria manteve-se firme e contente por esses que permaneceram unidos e fiéis, enfrentando todas as dificuldades apesar de suas fraquezas e sem compreender nada.

As possíveis dúvidas, porém, acabariam. A mente dos discípulos seria aberta e transformada. Todos viveriam uma grande efusão do Espírito Santo. Sairiam daquele Cenáculo ricos da graça de Deus, compreendendo os segredos do céu e da terra; saberiam tudo, pois o Espírito Santo tudo ensina. A partir daquela experiência, tomariam conta do mundo, passando por todas as tribulações e dificuldades, sofrimentos e julgamentos e martírios… Maria sabia que, no momento em que aquela porta se abrisse, a Igreja assumiria seu caráter missionário. Enfim, a partir daquele dia, suas vidas não mais lhes pertenciam, mas sim ao Senhor.

Maria teria olhado para Pedro e vislumbrado que seu futuro era morrer crucificado, de cabeça para baixo, na sede da futura Igreja, em Roma? Teria olhado para Tiago e contemplado que ele seria degolado ali mesmo, em Jerusalém? Teria divisado as tribulações de todos os discípulos? Sabia, no entanto, que ninguém mais teria o poder de amedrontá-los ou desanimá-los; soube que depois que aquela porta do Cenáculo se abrisse, o mundo iria receber um grande choque, pois 11 homens simples, mas cheios do poder de Deus e do Espírito Santo, mudariam a face da terra. Essa Nova Aliança, agora, estava sendo feita no sangue do seu Filho, com a sua participação, na pessoa de cada um deles e através da força do Espírito Santo.

"Recebereis o Espírito Santo e sereis as minhas testemunhas", dissera Cristo. E também: "Descerá sobre vós o Espírito Santo e vos dará força, e sereis as minhas testemunhas em Jerusalém, em toda a Judeia, Samaria e até os confins do mundo." Naquela manhã de domingo, tudo isso se cumpriu. Maria viu e ouviu Jesus soprar sobre seus discípulos e dizer-lhes: "Recebei o Espírito Santo. Aqueles a quem perdoardes os pecados, estes lhes serão perdoados; e aqueles a quem os retiverdes, serão retidos." O Deus Altíssimo, Redentor e Glorioso, abriu então os reservatórios do céu. Ao encontro deles, vinham a força e o poder do Espírito Santo. A hora do nascimento da Igreja de Jesus Cristo havia chegado. Antes de qualquer discípulo, Maria ouviu o ruído enérgico. Todos ficaram cheios do Espírito de Deus. Diz a Palavra: "Chegando o dia de Pentecostes, estavam todos reunidos no mesmo lugar. De repente, veio do céu um ruído, como se soprasse um vento impetuoso, e encheu toda a casa onde estavam sentados. Apareceu-lhes então uma espécie de línguas de fogo que se repartiram e pousaram sobre cada um deles. Ficaram todos cheios do Espírito Santo e começaram a falar em línguas, conforme o Espírito Santo lhes concedia que falassem."

O resultado não poderia ser outro: "Achavam-se então em Jerusalém judeus piedosos de todas as nações que há debaixo do céu. Ouvindo aquele ruído, reuniu-se muita gente e maravilhava-se de que cada um os ouvia falar na sua própria língua. Profundamente impressionados, manifestavam a sua admiração: Não são, porventura, galileus todos estes que falam? Como então todos nós os ouvimos falar, cada um em nossa própria língua materna?"

Ali, eles ficaram extasiados diante do milagre que aconteceu. Todavia, os fariseus, os mestres da lei, começaram a espalhar pelo povo que eles estavam ébrios, e é nesse momento que Pedro, nosso primeiro papa, "pondo-se de pé em companhia dos Onze, com voz forte lhes disse: homens da Judeia e vós todos que habitais em Jerusalém: seja-vos isto conhecido e prestai atenção às minhas palavras. Estes homens não estão embriagados, como vós pensais, visto não ser ainda a hora terceira do dia. Mas cumpre-se o que foi dito pelo profeta Joel: Acontecerá nos últimos dias — é Deus quem fala — que derramarei do meu Espírito sobre todo ser vivo: profetizarão os vossos filhos e as vossas filhas. Os vossos jovens terão visões, e os vossos anciãos sonharão. Sobre os meus servos e sobre as minhas servas derramarei naqueles dias do meu Espírito e profetizarão. Farei aparecer prodígios em cima, no céu, e milagres embaixo, na terra: sangue, fogo e vapor de fumaça. O sol se converterá em trevas e a lua em sangue, antes que venha o grande e glorioso dia do Senhor. E então todo aquele que invocar o nome do Senhor será salvo."

CAPÍTULO 11

Maria, a Mãe da Igreja

Foram aquelas as primeiras horas da Igreja de Jesus Cristo, os primeiros momentos nos quais os apóstolos tomaram para si a missão que vem Dele.

Maria sabia que, com o nascimento da Igreja, nenhum homem, por mais que tivesse poder, fosse presidente ou rei, poderia frear essa corrente de graça. Sabia que aqueles homens iriam até o fim, bem como todos os homens e mulheres, jovens e crianças de gerações posteriores. Ela sabia que aqueles homens humildes, analfabetos, pescadores não teriam condições e coragem, por si sós, de realizar tão grandes coisas. Mas sabia, também, que o próprio Jesus havia dito: "Pela força do Espírito Santo, que descerá sobre vós, os milagres acontecerão."

Maria preparou a Igreja e o mundo para o grandioso e glorioso Dia do Senhor, que será o último e no qual Jesus Cristo tomará posse do Seu reino. Maria está na Igreja, nesses dois mil anos de história, conduzindo-a. Não houve um santo, no decorrer da história, que não tenha tido alguma convivência íntima com Nossa Senhora. Também não houve papa, de Pedro até Francisco, que não tenha pedido o auxílio de Maria. E ela tem ajudado a cada um a conhecer Jesus Cristo.

A glória, é claro, não é de Maria, mas sim de Jesus Cristo. Maria é serva do Senhor e continua servindo ao Senhor através da Igreja, na qual surge como figura magnífica, poderosa, que ama e que é amada. Em nenhum outro local Maria é tão acolhida, recebida e venerada quanto na Igreja do Senhor. Veneramos Maria porque reconhecemos que ela é a Mãe de Jesus Cristo, a Mãe de Deus, a Senhora Nossa. No Brasil, cantamos: "Mãe de Deus e nossa!" Quando nos referimos a Maria, temos essa confiança de dizer: "Maria é também nossa Mãe!"

Então, essa que é a "Mãe Nossa", que é "Mãe da Igreja", de certa forma é também a "Mãe do mundo", porque no alto da Cruz Jesus vai dizer: "Mulher, eis aí o teu filho" e "Filho, eis aí a Tua Mãe." É interessante isso. Jesus, nos últimos minutos de Sua vida, entregou Maria ao discípulo mais amado: João. E, ao entregá-la a João, entrega-a a todos nós, e todos nós, a ela.

Eu me lembro de que, em um determinado dia, havia terminado de celebrar a Festa de Pentecostes quando me encontrei com um pastor evangélico. Alguém nos apresentou e o pastor, simpaticamente, me acolheu, falou comigo e, logo, referiu-se à Festa, que ele também já conhecia. Deu-se assim nossa conversa:

— Eu admiro seu trabalho e o admiro. Só não concordo quando você reúne quase dois milhões de pessoas e as manda aplaudir uma imagem.

— Você está se referindo a Maria, a Mãe do Senhor?

— Sobre essa mulher, vocês católicos continuam blasfemando.

— Amado, eu o compreendo. Sei que a sua rejeição tem um significado.

— Mas eu não rejeito Maria. Só não faço como vocês.

— Mas você sabe a quem Jesus entregou a Sua Mãe na hora da morte?

— Para um apóstolo.

— Mas quem foi esse apóstolo?

— O apóstolo João.

— E quem era João?

— Era um seguidor de Jesus Cristo.

— Tudo isso é verdade, pastor. Ele era apóstolo, discípulo, seguidor de Jesus Cristo. Mas entre os 12, quem era ele?

Até que, com muita dificuldade, ele disse:

— Ele era o mais amado.

— É exatamente isso, pastor. Jesus entrega Sua Mãe para o discípulo mais amado.

Ele deu um pulo da cadeira e disse para mim:

—Você está dizendo que eu não sou amado?

E eu, imediatamente, retruquei:

— Não. Você é amado. Só não é o mais amado. O mais amado sou eu, pois tenho Maria como minha Mãe.

Acho que o pastor ficou bastante impressionado com essa reflexão. E eu também fiquei, porque eu nunca havia pensado nisso até ali. Jesus realmente entregou Sua Mãe aos discípulos mais amados.

É por isso que, dentro da Igreja, nem todos amam Maria, nem todos a veneram, nem todos gostam dela. Agora, todos os santos, sim: todos os santos e santas de Deus reconhecem e amam Maria como Mãe, pois, para esses, Jesus também entregou Maria.

CAPÍTULO 12

Nossa Senhora da Primavera

Naquela manhã de quinta-feira, procurei me levantar bem cedo, por conta da primeira celebração que presidi. Na quarta-feira anterior, havia também celebrado uma Santa Missa bastante exaustiva, com muitas manifestações diabólicas. A Igreja estava muito cheia, com aproximadamente seis mil pessoas. Lembro-me de que, apesar de tantas celebrações, aquela foi diferenciada. Ao terminá-la, senti o peso do cansaço, com dores no corpo e uma terrível angústia a oprimir meu coração. Foi nessa situação que fui me deitar. Tive, portanto, uma noite bastante atribulada.

Por volta das cinco da manhã, fui despertado por uma presença fortíssima, que tomava o meu quarto. Senti que algo muito poderoso estava em torno de mim e da minha cama. Parecia-me a verdadeira presença do Deus Altíssimo. Nesse momento, escutei uma voz firme e definida dizendo-me que Nossa Senhora, juntamente com os anjos, entraria em nossas casas, libertando-nos de todo o mal, na passagem do dia 22 para o dia 23 de setembro. Tanto a voz quanto aquela presença me deixaram extasiado e mergulhado em uma grande glória, algo que não posso descrever com precisão. Aos poucos, essa presença e esse gozo foram se afastando de mim. Ainda deitado, sem poder me mexer por conta daquela magnífica experiência, tomei consciência de que era o próprio Deus que havia falado comigo.

Nas primeiras horas da manhã seguinte, celebrando uma Missa de cura, narrei para os fiéis tudo o que havia vivido no meu quarto nas últimas horas. As pessoas, ao ouvirem o que falava, demonstraram uma alegria enorme, cantando, louvando e aplaudindo aquele relato, de forma emocionada. Eu lhes disse que deveríamos prestar bastante atenção naquela profecia.

Estávamos no mês de dezembro, preparando o Natal de Jesus Cristo, e a promessa era para quase um ano depois. E, no decorrer desse tempo, decidi por não fazer nada em relação a isso, já que temos uma rotina bastante agitada, com muitos compromissos, muitas celebrações, retiros e encontros.

Assim, o tempo foi passando. A todo momento, as pessoas me lembravam e cobravam. Passou então o dia crucial... e nada. Todos me questionavam. "Chegou a passagem do dia 22 para o dia 23 de setembro e nós não fizemos nada!" E tudo o que eu queria era que todos esquecem essa história.

Quatro anos depois, porém, eu estava em uma reunião do Conselho Paroquial quando um senhor, bastante simples, chamado Sebastião, aproximou-se de mim, dizendo: "Padre, lá em casa nós estamos esperando com muita ansiedade, mas também com muita esperança, o dia 22 para o dia 23 de setembro." Fiquei encucado. "E o que vai acontecer nesse dia?", perguntei, ouvindo como resposta: "Foi prometido a um padre que, nessa data, Nossa Senhora visitaria nossas casas e nos libertaria de todo mal, trazendo-nos muita alegria e esperança." Quando ouvi essas palavras, o mundo caiu sobre minha cabeça; senti minhas pernas tremerem, tive reações muito intensas e fui coberto por uma vergonha imensa — vergonha dele, de mim. Aquela reunião se tornou a mais longa da minha vida, pois eu estava muito inquieto. Senti uma vergonha imensa por não ter feito nada, nos últimos quatro anos, para promover essa grande graça.

No dia seguinte, disse a todos que iríamos realizar essa festa e acolher, da forma devida, a visita de Nossa Senhora. E assim o fizemos. Convoquei toda a comunidade e preparei, no nosso Centro de Evangelização, uma tarde de louvor com a celebração de uma Missa especial, que foi divulgada com dedicação.

O dia 22 de setembro de 2012 chegou e o celebramos com muito entusiasmo e alegria, com uma assembleia de aproximadamente oito mil pessoas. Todas elas levaram rosas para oferecer à Virgem. Como houvera casamentos no dia anterior, os noivos nos tinham doado as flores decorativas. A alegria e o perfume das rosas se confundiam, tomando conta daquela multidão. Quando subi o presbitério para celebrar a Missa que encerraria o evento, só pude constatar que todo o ambiente irradiava graça. Intitulei, então, esse acontecimento de "Festa de Nossa Senhora da Visitação". Dizia eu assim às pessoas: "Nossa Senhora, com os anjos, visitará suas casas do dia 22 para o dia 23 de setembro."

Iniciei a homilia, falando da visita que Nossa Senhora prestara à sua prima Isabel. As pessoas se encantaram com aquela pregação. Enquanto isso, uma voz começou a soar dentro de mim: "Não é Nossa Senhora da Visitação, mas Nossa Senhora da Primavera." De fato, a Virgem era uma primavera dentro da Igreja, tal como a anunciara São João Paulo II. Uma nova primavera que iria nos trazer muita graça, muita alegria, muita esperança.

Então, eu ia falando "Nossa Senhora da Visitação", e a voz me corrigia: "Nossa Senhora da Primavera". Parei a homilia e perguntei às pessoas que estavam próximas de mim quando chegaria a primavera. Então, um membro de aliança da minha comunidade, Tadeu Roxander, disse-me: "Padre, a primavera está chegando exatamente agora." Olhei para o relógio: eram 17h40. A partir daquele instante, comecei a chamar por Nossa Senhora da Primavera. Disse a todos que esquecessem a festa de Nossa Senhora da Visitação, pois ela fora rebatizada.

A primavera é algo maravilhoso, pois nos traz a alegria, a esperança, um sol novo, um novo ar. Os campos se alegram e se vestem de perfume e de flores. A vida recomeça depois de um inverno duro, sobretudo nos países onde o inverno traz muita neve. As pessoas ficam dentro de suas casas, não se faz festa; a escuridão predomina, uma vez que os dias são mais curtos e as noites, mais longas. Quando, então, chega a primavera, elas abrem suas portas e janelas e deixam o sol entrar; lavam a casa, encontram-se com os vizinhos... E a promessa para a visita de Nossa Senhora acontecia, justamente, na chegada da Primavera.

Aceitei de pronto o novo título da festa, e a Missa tomou outro rumo. A alegria, que já era grande, ficou maior, invadindo o coração das pessoas, que vieram depois até o altar, em procissão, para depositar suas rosas aos pés da Virgem. Cada um pôde oferecer a sua. Com aquele perfume tomando conta do local, anunciava-se, nitidamente, a nova Primavera. E ela mereceria ainda outra homenagem.

Certa feita, diante do Santíssimo, Jesus parecia querer me mostrar que a capela que construíra no Centro de Evangelização, e que, até então, eu cogitava batizar com o nome de Nossa Senhora Aparecida, cofundadora espiritual da Comunidade Renascidos em Pentecostes, deveria receber o nome de Nossa

Senhora da Primavera. Seria, de fato, uma lindíssima homenagem. Todavia, não tínhamos uma imagem de Nossa Senhora da Primavera. Pensei, então, que ela mesma me havia mostrado como deveria representá-la. Convidei, assim, uma artista plástica amiga de nossa comunidade e, narrando-lhe um pouco do que eu havia experimentado, passei as orientações. Hoje, Nossa Senhora da Primavera está lá com os anjos trazendo-lhe rosas.

CAPÍTULO 13

Sou filho de Maria

TESTEMUNHOS

Devoção mariana aprendida em casa

Tive algumas experiências com Nossa Senhora. Vim de uma família muito carente, muito simples — e carente não apenas do ponto de vista financeiro, mas também em cultura. Não tínhamos cultura nenhuma. No sertão nordestino, há alguns anos, só nascíamos e crescíamos. Não herdávamos, nem tínhamos nada. Quem morria não deixava coisa alguma, pois também nascia sem coisa alguma. Não aprendíamos nada, a não ser aquilo que nossos pais, simples, já sabiam: cultivar a terra da maneira mais grosseira possível, isto é, apenas com uma enxada. A gente derrubava — "roçava", como eles falam —, colocava fogo e depois plantava. Assim era a nossa vida. Complementando, criávamos também alguns animais.

Uma coisa, porém, nossos pais sabiam bem: rezar a ave-maria. Talvez não soubessem a salve-rainha, mas a ave-maria e o pai--nosso, sim. Todos sabiam, aliás, pois era algo transmitido de geração a geração. E comigo não foi diferente.

A ave-maria que eu rezava me ajudou a conhecer a Mãe de Jesus. Desde muito jovem, comecei a pensar nessa Senhora. Minha mãe se voltava para ela na hora do sofrimento — e toda hora era hora de necessidade, de dor! A todo momento tínhamos uma razão para pedir a ajuda de Maria. Então, nesse convívio com Maria, fui crescendo até conhecer Jesus Cristo, no dia 12 de junho de 1983.

Nesse tempo, também conheci a Renovação Carismática Católica, um movimento apaixonadíssimo por Maria. Por isso era um movimento tão firme, tão forte, tão… ungido. Todo carismático possuía muitos dons: de cura, de línguas, de profecia, de canto, de ciência. Rezava-se o terço em todos os lugares: nos ônibus, nas casas, nas ruas, nas praças; não tínhamos medo ou vergonha de puxar um terço. Aliás, a maioria de nós andava com um terço pendurado na calça. Amarravam-se as contas no cinto, e todo mundo sabia que era um carismático, que era um católico. Hoje, talvez já não se veja tanto isso.

Tive algumas locuções de Maria. Locução é uma voz interior, é alguém falando dentro de si. É preciso ter o dom do discernimento para não sermos confundidos pelo Inimigo nessas experiências, mas o interessante é que a voz de Maria você conhece, pois ela se identifica: ela mesma dirá qual título assume ao se dirigir a nós.

Certa vez, eu estava no seminário vivendo um momento muito difícil. Minha irmã, que mora no Ceará, saiu gestante sem casamento. E isso era uma morte para meus pais, uma grande vergonha para minha família: uma filha ter um filho sem se casar! Já tivéramos um problema sério no passado, quando minha irmã mais velha, Ingraça, se suicidara tomando um copo de veneno. Isso foi uma tragédia para nossa família. Minha mãe e meu pai sofreram demasiadamente. Na verdade, todos nós sofremos muito. Foi um desastre.

Passou-se o tempo e minha irmã, adolescente, engravidou de outro adolescente. O pai da criança, porém, fugiu. Eu estava no Seminário Nossa Senhora de Fátima quando fiquei sabendo disso, e a primeira coisa que me veio à cabeça foram as dificuldades que tivemos com Ingraça no passado. Eu não conseguia estudar, não conseguia comer... Para piorar, naquela época a comunicação era feita por meio de cartas. Você enviava uma carta que demorava meses para chegar; outros meses eram necessários para recebermos a resposta. Fiquei, portanto, muito angustiado, com muito medo de acontecer outra tragédia. Não sabia como estavam meus pais e meus irmãos.

Foi quando, em determinada noite, decidi não descer para jantar. Estava tão angustiado que não conseguia nem comer. Permaneci no meu quarto, rezando. Ali escutei, então, uma voz que dizia: "Sou Nossa Senhora das Graças. Não tenha medo, pois tudo ficará bem. Eu te ajudarei, eu te abençoarei." Poucos dias depois, consegui uma passagem para o Ceará. Cheguei à casa de meus pais, conversei com eles e tirei minha irmã de lá, levando-a comigo para Brasília, onde ela pôde ter uma gestação acompanhada e deu à luz sua filha. Hoje, essa menina já é uma moça.

A partir daí, eu, que já era muito devoto de Nossa Senhora das Graças, padroeira de Nova Russas, minha cidade natal no Ceará, apeguei-me ainda mais a ela.

Ao longo da vida, em momentos extremamente difíceis, eu muitas vezes senti a presença de Nossa Senhora. Não conhecia Nossa Senhora de Fátima, mas no seminário aprendi sobre a história dos pastorzinhos. Certo dia, quando fui mandado embora do seminário no segundo ano de Teologia, tive a visão de um lugar simples, mas muito bonito, no qual havia algumas crianças e uma Senhora que me dizia: "Não tenha medo. Você vai conseguir. Não tenha medo. Você vai vencer." E o interessante é que, anos depois, quando fui a Fátima, reconheci o exato lugar da visão: tratava-se do campo dos pastores. Fiquei muito emocionado com essa constatação.

Muitas das minhas experiências com a Virgem se deram na Paróquia São Pedro, da qual sou pároco e onde, desde a minha chegada, enfrentei muitas dificuldades. Certo dia, fui celebrar uma Missa sozinho, em uma segunda-feira. Tinha poucos meses de ordenado e estava havia menos de um ano na paróquia. Não sabia, inclusive, se continuaria ali, uma vez que tinham me enviado para lá por apenas três meses.

No momento da comunhão, quando comunguei o Corpo e o Sangue de Cristo, sentei-me na cátedra e rezei. Silenciando-me, procurava ouvir o Senhor. De repente, senti a forte presença de Jesus e, junto Dele, de Maria. E ela me dizia: "Estou aqui, para que me ajude na missão de levar e anunciar Jesus Cristo." Aquela presença foi tão forte, tão cheia de graça! Na minha frente estavam Jesus e Maria! Parecia que aquela cátedra voava e eu estava pairando no ar, em outro lugar. Até hoje não entendo muito bem o que me aconteceu, mas sei que estava coberto de uma luz e de uma graça especial; estava em um lugar de paz, de esperança e de conforto. Mais interessante é que era eu quem mais precisava de ajuda na minha missão, enquanto Maria me fazia o pedido de ajudá-la na dela.

Poucos dias depois, o bispo chamou-me e disse: "Você pode começar a celebrar suas Missas de cura e libertação, pois não vou mais tirá-lo de lá." Junto com as Missas, comecei também um Cenáculo com Nossa Senhora e consegui uma equipe de pessoas que, desde aquele tempo até hoje, reza, em todas as quartas-feiras, mil Ave-marias.

A semana de Pentecostes

Também me foi revelada, no ano de 1998, a Semana de Pentecostes, uma grande graça de Deus na história da Arquidiocese de Brasília e de todos católicos dessa cidade e de todo o Brasil. Nela reúnem-se, todos os anos, mais de dois milhões de pessoas por noite, nos últimos três dias da festa, para receberem uma efusão do Espírito Santo, para viverem Pentecostes.

Era o Domingo da Ascensão do Senhor, às 8hs, e, como de costume, eu celebrava a primeira Missa do dia na Paróquia São Pedro. A leitura deste dia está em Atos 1, 4-5, na qual Jesus ordena aos discípulos que não se afastem de Jerusalém, mas aguardem o cumprimento de Sua Promessa, ou seja, o envio do Espírito Santo. Terminei a celebração dizendo: "Ide em paz e que o Senhor vos acompanhe." Neste momento, ouvi uma voz interior que dizia: "Não foi isso o que você pregou e nem foi isto que Eu lhe ensinei." Não compreendendo aquela locução interior, dei continuidade às celebrações do dia, na Capela Imaculada Conceição de Maria, às 10h30. Mais uma vez, ao final da Missa, proferi a despedida e ouvi aquela voz. Dizia a mesma coisa.

A partir de então, fui diretamente para a capela rezar e meditar naquelas palavras. Obtive do Senhor este discernimento: a partir daquele dia, no qual a Igreja celebrava Sua ascensão aos céus, Jesus queria que todos se reunissem em oração até o domingo seguinte, dia de Pentecostes, no qual Ele cumpriria, novamente, Sua promessa de enviar, sobre todos, o Espírito Santo. Obedecendo a esta ordem, na Missa das 19h desse mesmo dia convoquei todos os fiéis presentes para, juntos, iniciarmos uma semana inteira de oração, louvor e adoração ao Senhor. Com o objetivo de realizar um evento organizado e seguro, montei uma equipe de coordenação, escolhendo cinco paroquianos.

Assim começou a Semana de Pentecostes. Hoje, milhões de pessoas já experimentaram o amor de Deus, pela intercessão de Maria, nessa grande festa.

Mas não era tudo. Dois dias depois, em uma Celebração Eucarística presidida pelo Pe. Carlos Rambo, que nos agraciou com sua presença, o Senhor concluía o seu desejo e me dava outra grande missão. Em uma locução interior, pediu que o povo levasse consigo, nos três últimos dias de celebração, três velas, para que eu as consagrasse da seguinte forma: uma na sexta-feira, ao Pai; uma no sábado, ao Filho; e outra no domingo, ao Espírito Santo. Assim, no momento mais difícil de suas vidas, quando os recursos deste mundo já estivessem esgotados, fazendo com o que aqueles Seus filhos amados se sentissem à beira do abismo, eles deveriam acender suas velas com fé. O milagre então aconteceria.

Como o Pai não volta atrás em suas promessas, vemos até hoje a graça se renovando; todos os dias e a cada dia mais, os milagres jorram em nosso meio. A devoção às Velas de Pentecostes nasce como arcabouço espiritual da fé de milhões de pessoas.

Outra intervenção se deu quando do Natal de Nosso Senhor, no dia 25 de dezembro. Já não me recordo mais o ano. Celebrei a Missa da véspera do Natal, no dia 24, e fui depois à casa da minha irmã, para a ceia. Estavam todos muito alegres, e o clima era maravilhoso. A ceia foi magnífica. Voltei para casa quando já era madrugada e, ao chegar, sozinho, visitei o Santíssimo e fui dormir.

Logo ao amanhecer, ainda muito cedo, por volta das seis, acordei visualizando a figura de uma mulher sentada em minha cama, da qual não conseguia ver o rosto. Essa mulher carregava uma criança. Colocou-a então em meu peito, já que eu estava deitado. Imediatamente, a paz invadiu o meu coração. A criança que aquela mulher colocara sobre mim não era recém-nascida; deveria ter, pela aparência, mais ou menos uns nove meses. Fiquei brincando com a criança enquanto, sentada de costas para mim, em minha cama, a mulher não me olhava. Fitava apenas a parede. Naquele momento eu não entendia nada, mas fiquei nesse estágio de alegria e júbilo por não sei quanto tempo. Depois de a criança ter brincado bastante comigo, os dois de repente desapareceram.

Passada aquela experiência, mas ainda em paz, tomei consciência de que a mulher era Nossa Senhora e o menino era Jesus. Era 25 de dezembro. Enchi-me de admiração. E, durante todo aquele dia, senti a presença da criança. Ainda hoje, a experiência daquela visão me acompanha, bem como a esperança de reencontrá-los.

Nossa Senhora, portanto, esteve sempre presente em minha vida e na vida de nossa comunidade. Quando Jesus mandou que eu criasse a Comunidade Renascidos em Pentecostes, eu não Lhe obedeci de imediato, pois tive medo. Dizia que não era para mim tal missão. Já conhecia tantas outras comunidades, tantos padres fundadores! Conhecia, também, suas dificuldades. Por isso, insistia que aquele ímpeto vinha da minha cabeça e não de Deus; eu não queria ser imitador de ninguém.

Mesmo com essa recusa pessoal, porém, a Virgem tomou para si a missão de me chamar a criar a comunidade. Um belo dia, fui a um encontro da Renovação Carismática só para padres. A reunião ocorreu em Aparecida, onde eu nunca havia estado. No intervalo do evento, alguns padres me convidaram para irmos até o Santuário. Quando chegamos ao estacionamento e descemos do carro, uma voz horrível falou ao meu ouvido: "O que você está fazendo aqui, seu Satanás?" Aquela voz quase me derrubou; era realmente medonha. Hoje, sei que se tratava do próprio Satanás me xingando. Todavia, quando cheguei diante da imagem de Nossa Senhora Aparecida, fui tomado por uma grande paz e uma alegria insondável. Não conseguia tirar o meu olhar daquela pequena imagem. Olhava para ela, e ela, para mim; em meu interior, ouvia: "Seja bem-vindo, filho amado! Veja toda esta casa que Deus Pai construiu para mim." Senti-me tão bem naquele lugar! Saí de lá dizendo que voltaria, e de fato voltei por muitas vezes. Em todas elas, fui muito bem acolhido por Nossa Senhora Aparecida. No entanto, minha presença não bastava. A Virgem desejava que eu fundasse uma comunidade.

Ida a Jerusalém e Nazaré

Gostaria de falar, também, da primeira vez que fui a Jerusalém e Nazaré. De modo especial em Nazaré, estive quatro vezes, mas desde a primeira já pude sentir Maria me tratando como um filho e dizendo: "Venha até a minha casa!"

Era a minha primeira viagem internacional. No momento em que entrei no avião, já me invadia a forte emoção de visitar a casa de Nossa Senhora. Quando lá cheguei, senti fortemente as presenças de Maria e José. Celebrando a Missa na capelinha que faz parte da casa dela, parecia que ela me mostrava cada canto daquela casa, dizendo-me tudo o que havia vivido, bem como o modo como transcorrera sua vida com Jesus Cristo naquele lugar. Senti-me tão acolhido, tão amado! Era como se ouvisse de seus próprios lábios: "Filho, seja bem-vindo!" Aquela Missa foi uma das melhores que celebrei, pois em todos os segundos senti a presença de Nossa Senhora me acolhendo, me abraçando e me apresentando Jesus. Saí de Nazaré com o coração em chamas, profundamente agradecido.

Quando você vai a Nazaré, mesmo hoje sendo uma cidade majoritariamente muçulmana, com muitos poucos cristãos, você percebe a presença de Maria. Ali, compreendi melhor a santidade daquela mulher, o sim que abalou toda a humanidade. Também tive a impressão de ouvir o anjo Gabriel me dizendo: "Olhe para Maria! Escute o seu sim, que deve, também, ser o seu. Não tenha medo de se deixar conduzir pela graça e pelo projeto de Deus."

Aquela Missa foi restauradora. Fui curado dos meus medos, traumas e incertezas. "Não tenhas medo. Vai em frente! Faz tudo que Ele te disser!" É a isso que Maria nos encoraja. "Confia! Simplesmente confia! Não tem medo, pois caminharei à tua frente. Eu te ajudarei!"

No dia seguinte, eu celebrava no mesmo lugar em que Maria intercedera pelos noivos e onde Jesus realizou Seu primeiro milagre, transformando água em vinho. Lá, renovei as promessas matrimoniais de 28 casais que estavam comigo. Foi uma grande festa. Mas, no decorrer da celebração, comecei a escutar, novamente, uma voz: "Não temas! Faz tudo o que Ele te disser." Tudo isso se deu quando eu ainda estava no início do meu ministério, nos primeiros dois anos. Lá, Maria confirmava a minha missão. "Faz o que Ele te disser! Confia e não tenhas medo, pois Ele está contigo e tu vencerás. Não te preocupes, estarei ao teu lado, intercedendo em todos os minutos."

Os noivos choravam de emoção. Abraçavam-se, cantavam e se beijavam. Aquela Missa foi marcada por uma presença muito forte de Maria. Depois, alguns casais me disseram: "Padre, estamos casados há trinta anos e nunca sentimos isso." Outros chegavam e me abraçavam: "Padre, muito obrigado, pois estamos casados há vinte anos e nunca vivemos essa alegria imensa." Houve um que chegasse a dizer: "Nem em nossa lua de mel tivemos tanta alegria como agora." O mais velho dos participantes, admirado, ressaltou: "Esperei por este momento. Não sabia quando aconteceria, mas aconteceu hoje, aqui, o que nunca tinha acontecido em minha vida." Perguntei a ele o que era. "Eu ter segurança! Porque Maria disse: 'Fazei tudo o que Ele vos disser', e senti que era comigo também."

No dia seguinte, em Jerusalém, fiquei extremamente emocionado. Permaneci por lá uns três dias. Encontrei-me com o Cenáculo. Ao entrar, tive outra experiência de Maria me dizendo: "Sê bem-vindo e recebe o teu Pentecostes!" Eu, que já tinha um amor imenso por Pentecostes desde o dia 12 de junho de 1983, no qual conheci Jesus Cristo, fiquei intrigado. A minha vontade era a de abraçar cada pedaço de parede daquele lugar. Eu queria beijar aquele chão! Parece que eu estava vendo ali, a olho nu, a efusão do Espírito Santo em Pedro, Tiago, João... E Nossa Senhora me disse: "Se aconteceu com eles, pode acontecer contigo. Também fazes parte dessa nova espiritualidade!"

Minha alma repousava. Tive vontade de deitar-me no chão, mas a sala estava cheia de pessoas dos mais diversos países — grandes grupos de visitantes que se amontoavam, também desejando visitar o local. De repente, eu me vi tão cheio da graça e do poder de Deus que, ali, naquele instante, renovei a minha fé, renovei o meu Pentecostes. Naquele dia, entendi coisas que, no seminário, nos estudos de teologia e na convivência com bispos e sacerdotes eu ainda não havia entendido. Compreendi que faço parte dessa nova evangelização, que integro o exército que anuncia que Jesus Cristo é o Senhor e Salvador. Compreendi as palavras de Pedro, que disse ao coxo: "Não tenho nem ouro nem prata, mas o que tenho eu te dou: em nome de Jesus Cristo Nazareno, levanta-te e anda!" Eu tenho Jesus Cristo para dar às pessoas!

Saí do Cenáculo em direção ao Calvário. Também lá havia muita gente. Não podíamos ficar muito tempo, pois havia grandes grupos querendo entrar para colocar a mão no local em que a Cruz de Jesus fora elevada. Deparei-me, então, com a realidade de dor e sofrimento do Calvário. Ao mesmo tempo, também ali era possível sentir a presença de Maria: "Filho, não temas! Permanece firme no meio das tribulações e das dores, pois eu também passei por elas. E também as venci. Meu filho Jesus morreu neste lugar, mas aqui também ressuscitou. Tu ressuscitarás sempre, vencerás sempre, para a glória de Deus Pai."

No Calvário, compreendi que, por maior que seja a cruz, por mais dura e difícil que ela se apresente, há uma luz e um caminho, uma ressurreição e uma saída, uma vitória. Naquele dia, entendi que o meu ministério estava começando, com o grande poder de Deus agindo em minha comunidade e em minha vida. Deus estava fazendo uma obra maravilhosa, que ainda não tinha se concretizado. No entanto, Nossa Senhora me garantiu: "Há de acontecer, e verás que todas as lágrimas são acolhidas e todas as orações, entregues; verás que toda graça de Deus é derramada no coração daqueles que esperam e confiam."

Serei padre, sempre padre, somente padre

Ao finalizar esse livro, gostaria de partilhar novamente com você, amado e amada, o testemunho de como tudo começou. Eu havia chegado a Brasília com 17 anos. Depois de muita procura, consegui trabalho em um hotel, cuidando de banheiros. Passado algum tempo, tornei-me responsável por todas as bagagens dos hóspedes. E, com poucos dias desde que chegara do Nordeste, eu, que era jovem, entusiasmado e corajoso, fui apresentado para as coisas do mundo: a escuridão, o pecado, as farras, a prostituição, as drogas, a crueldade. Durante cinco anos, fui levado a tudo isso, a situações extremamente negativas para o ser humano.

Era analfabeto e ignorante de tudo.

Sofri demasiadamente.

Até que cheguei ao dia 12 de junho de 1983. Não tinha mais do que 21 anos. Saíra da seca nordestina, de uma das regiões mais necessitadas do sertão do Ceará, onde a fome reinava. Sabia que, atrás de mim, havia duas mulheres. Uma delas era a minha mãe, que pouco tempo antes me contara que havia me consagrado a Nossa Senhora quando bebê, dado que eu era uma criança muito frágil. Ela, que já tinha dado à luz dez filhos e perdido um deles, recorreu à intercessão da Virgem Maria por perceber que talvez eu também não escaparia da dureza das nossas necessidades. E, mesmo sem eu saber dessa consagração, Maria cuidou de mim durante todo esse tempo. Sei que me defendeu de todas as ciladas que o demônio colocara na minha vida, quando eu andava pelas noites escuras e tenebrosas desse mundo. Foi ela quem ficou à frente das armas dos bandidos quando tentaram contra minha vida. Também esteve comigo quando planejei um suicídio, quando eu, sem esperança ou desejo de viver, queria desaparecer.

E esteve, é claro, naquele 12 de junho de 1983. Às 15h daquele dia, deixei o hotel em que trabalhava. Era "Dia dos Namorados" e, por mais namoradas que houvesse tido, naquele dia eu não tinha ninguém. Decidi ir ao cinema, assistir a um filme bastante inapropriado. No entanto, percebi que, desde a minha saída do hotel, vinha sendo acompanhado por alguém. Hoje, tenho a certeza de que esse alguém era Maria, que me levou até uma Igreja próxima, o Santuário de Nossa Senhora do Perpétuo Socorro, e mudou todos os meus planos para aquela tarde. Chegando ali, a porta que estava fechada se abriu e eu adentrei aquele templo, deparando-me com uma grande nave. Vi que, atrás do altar, havia um homem crucificado, e a Ele fui conduzido. Percorri todo o caminho, cruzando aquela Igreja, caminhando a passos lentos, sem saber para onde estava indo, pois havia muitos anos que não rezava nem uma ave-maria.

Diante daquela cruz, ajoelhei-me e comecei a ouvir vozes horríveis e ameaçadoras, dizendo-me que eu teria que morrer. Mesmo, porém, atormentado por pensamentos negativos, senti uma voz suave e mansa dentro de mim, dizendo-me que eu havia vencido, pois tinha chegado até aquele local. De repente, um fogo abrasador invadiu todo o meu corpo, principalmente o meu peito, jogando-me no chão e incendiando-me numa profunda efusão do Espírito Santo de Deus. Durante quarenta minutos, fui envolto por aquele ardor, aos pés daquela Sagrada Cruz, sob aquele homem que eu ainda não conhecia. Aquele crucificado viera, há dois mil anos, para dar a vida por mim. Era o filho de Maria.

Naquele dia, tenho certeza de que Nossa Senhora me apresentou Jesus Cristo Crucificado. Quando saí daquele estágio espiritual, fazendo o caminho de regresso, percebi que todos os pesos, toda a escuridão e tribulação, tudo o que era negativo, haviam ficado aos pés daquela cruz. Quem estava saindo daquele ambiente ou dos pés daquele crucifixo era um homem agora corajoso, determinado e pronto para falar sobre tudo o que sentira, vivera e ouvira, mesmo sendo analfabeto.

Ainda naquela tarde, conheci um grupo da Renovação Carismática Católica, com o qual comecei minha caminhada. Três meses depois, fui conduzido a encontros vocacionais por um frade franciscano e, nove meses após, larguei o hotel e tudo o que eu tinha, renunciando a todas as coisas. Fui para um convento franciscano. Lá, sempre me deparei com Nossa Senhora, a Rainha da Paz, a Mãe de Jesus Cristo, que me auxiliou em tudo.

Agora que celebro 21 anos de sacerdócio e olho para trás, compreendo que Nossa Senhora sempre me viera preparando para ser fundador desta comunidade que se chama Renascidos em Pentecostes. Sei que a Virgem sempre esteve por trás desta que se tornou a maior festa paroquial do mundo. Sei que, em todos esses anos de missão, eu e a nossa comunidade sempre estivemos acompanhados por ela. Em todos os momentos, Maria está em nosso meio. A ação poderosa do Espírito Santo, pela intercessão da Virgem de Nazaré, não me deixa ter dúvidas de que ela é a serva do Senhor, a mulher do Apocalipse, que pisa na cabeça da serpente — é Maria, a Mãe de Jesus Cristo. E, como cantamos em toda a Igreja, é "Mãe de Deus e nossa".

Só me resta, então, dizer: "Maria, rainha nossa, consagro a ti este livro que nasce de alguém que muito te ama, mas que reconhece que a obra é toda do teu Filho. Tudo o que aconteceu nos últimos vinte anos foi obra do teu filho Jesus Cristo. Reconheço, também, que foi através de tua intercessão e amor que a generosidade de Deus superabundou em nosso meio. Nós, que vivemos invernos tenebrosos, sob o teu sagrado manto experimentamos hoje uma nova e permanente primavera."

A Nossa Senhora Aparecida, nossa cofundadora espiritual, e Nossa Senhora da Primavera, nosso presente de Deus, o nosso muito obrigado por nos ter trazido Jesus Cristo.

ORAÇÕES PARA ESTAR JUNTO DA VIRGEM

Oração a Nossa Senhora da Primavera

Nossa Senhora da Primavera, vem com teus anjos entrar na minha casa e na minha vida.

Rainha nossa, permito que entres hoje na minha família, que entres em meu coração.

Rainha da Primavera, traz a mim teu perfume, a tua graça e o teu aconchego.

Rainha da Primavera, traz a mim a paz e a esperança do teu filho Jesus.

Que esta casa e esta família recebam todas as graças de uma nova primavera.

Mãe amada, que na escuridão do meu coração, nas dificuldades da minha casa, nas tribulações do dia a dia, sejas portadora da tua luz e da luz do teu Filho.

Nossa Senhora da Primavera, que a partir de agora eu possa viver na libertação e na Ressurreição de Jesus Cristo.

Senhora da Primavera, Senhora da esperança, Mãe do meu Senhor, Redentor e Salvador, que esta casa e esta família conheçam o teu cuidado, a tua alegria e o poder da tua intercessão e amor.

Nossa Senhora da Primavera, rogai por nós.

Oração de Pentecostes

Senhor Jesus Cristo, renova em nossos dias os Teus milagres, para que possamos ver a força da Tua Misericórdia.
Que a ação do Teu Espírito Santo,
que modelou os Teus discípulos e deu início à Tua Igreja,
seja a mesma hoje e sempre.
Renova, em nossos dias, o vigor de Pentecostes.
Abre os nossos corações para sentirmos a Tua presença.
Abre a nossa mente para compreender a Tua Palavra.
Inunda a nossa alma com a ação do Teu Espírito.
Que vejamos Teus milagres, curas, libertações e conversões em nosso meio.
Que a nossa comunidade seja testemunha viva da Tua Palavra.
Que Pentecostes seja para nós um novo começo de unidade entre todos aqueles que proclamam Teu nome.
Que a intercessão de Tua Mãe, presente naquele santo e extraordinário Cenáculo, faça-nos vivenciar um novo Pentecostes.

AGRADECIMENTOS

Para escrever esse livro, lembrei-me de pessoas especiais que me ensinaram a amar e a conhecer a Mãe do Senhor.

Quando estava no Seminário Nossa Senhora de Fátima, apresentaram-me à sra. Maria Aline, que faz parte da minha caminhada até hoje. Ela muito me animou. Foi também a responsável por me fazer conhecer a devoção às mil ave-marias.

Meu muito obrigado à sra. Juraci, que me apresentou o Cenáculo com Nossa Senhora.

Também agradeço a Danielle Santos, filha espiritual que faz parte da Comunidade Renascidos em Pentecostes, fundada por mim, e que me ajudou na elaboração deste livro.

Por fim, meu maior agradecimento: a uma senhora que se encontra no sertão do Ceará e que hoje tem 92 anos. Falo de Dona Sebastiana de Sousa Carvalho, minha mãe, que me ensinou a pronunciar a palavra MARIA e me ensinou as primeiras ave-marias. A ela agradeço por ter me dado à luz em meio às invocações a Maria Santíssima, por ter me consagrado a Nossa Senhora do Perpétuo Socorro logo no meu nascimento. O meu muito obrigado a ela — também por ter me concebido e não rejeitado mesmo depois de já ter parido 14 filhos na fome e na miséria do Nordeste. Agora, quando o final da sua missão se aproxima, eu também lhe apresento este livro com a devoção à Nossa Senhora da Primavera.

A todos que rezaram por mim, nesses 21 anos de sacerdócio, também o meu muito obrigado.

DIREÇÃO EDITORIAL
Daniele Cajueiro

EDITOR RESPONSÁVEL
Hugo Langone

PRODUÇÃO EDITORIAL
Adriana Torres
Pedro Staite

REVISÃO
Carolina Rodrigues
Thais Entriel

CAPA
Larissa Fernandez Carvalho

DIAGRAMAÇÃO
Filigrana

Este livro foi impresso em 2018 para a Petra.